Günther Vanrieuwenhuyse

La restitution des biens culturels en cas de trafic illicite

Gauthier Vannieuwenhuyse

La restitution des biens culturels en cas de trafic illicite

Éditions universitaires européennes

Impressum / Mentions légales
Bibliografische Information der Deutschen Nationalbibliothek: Die Deutsche Nationalbibliothek verzeichnet diese Publikation in der Deutschen Nationalbibliografie; detaillierte bibliografische Daten sind im Internet über http://dnb.d-nb.de abrufbar.
Alle in diesem Buch genannten Marken und Produktnamen unterliegen warenzeichen-, marken- oder patentrechtlichem Schutz bzw. sind Warenzeichen oder eingetragene Warenzeichen der jeweiligen Inhaber. Die Wiedergabe von Marken, Produktnamen, Gebrauchsnamen, Handelsnamen, Warenbezeichnungen u.s.w. in diesem Werk berechtigt auch ohne besondere Kennzeichnung nicht zu der Annahme, dass solche Namen im Sinne der Warenzeichen- und Markenschutzgesetzgebung als frei zu betrachten wären und daher von jedermann benutzt werden dürften.

Information bibliographique publiée par la Deutsche Nationalbibliothek: La Deutsche Nationalbibliothek inscrit cette publication à la Deutsche Nationalbibliografie; des données bibliographiques détaillées sont disponibles sur internet à l'adresse http://dnb.d-nb.de.
Toutes marques et noms de produits mentionnés dans ce livre demeurent sous la protection des marques, des marques déposées et des brevets, et sont des marques ou des marques déposées de leurs détenteurs respectifs. L'utilisation des marques, noms de produits, noms communs, noms commerciaux, descriptions de produits, etc, même sans qu'ils soient mentionnés de façon particulière dans ce livre ne signifie en aucune façon que ces noms peuvent être utilisés sans restriction à l'égard de la législation pour la protection des marques et des marques déposées et pourraient donc être utilisés par quiconque.

Coverbild / Photo de couverture: www.ingimage.com

Verlag / Editeur:
Éditions universitaires européennes
ist ein Imprint der / est une marque déposée de
OmniScriptum GmbH & Co. KG
Heinrich-Böcking-Str. 6-8, 66121 Saarbrücken, Deutschland / Allemagne
Email: info@editions-ue.com

Herstellung: siehe letzte Seite /
Impression: voir la dernière page
ISBN: 978-3-8417-4635-1

SOMMAIRE

INTRODUCTION

De Napoléon Bonaparte et le saccage des sépultures égyptiennes à André Malraux et le détournement de fragments de bas-reliefs dérobés au temple de Banteaï-Srey, sans oublier Lord Elgin et le fameux découpage des marbres du Parthénon, les exemples historiques de pillage sont nombreux et prouvent qu'il était alors considéré comme la juste récompense du vainqueur ou le nécessaire apanage de tout aventurier en mal d'authenticité et d'argent. Mais face à l'accroissement du trafic des biens culturels et les conséquences dévastatrices pour le patrimoine culturel des Etats concernés, ce qui était normal voire licite hier ne l'est plus aujourd'hui. Les acteurs de la scène internationale ont pris conscience de la gravité du trafic illicite et ont réagi en conséquence depuis une trentaine d'années. Le trafic illicite des biens culturels comprend, selon la terminologie propre aux instruments de l'organisation des Nations unies pour l'éducation, la science et la culture (ci-après UNESCO)[1], l'importation, l'exportation et le transfert de propriété illicites des biens culturels. Autrement dit, il s'agit du commerce de biens culturels effectué en violation de normes internes et internationales. La source de l'illicéité provient de deux faits juridiquement sanctionnés: le vol et l'exportation non autorisée, qui forment les deux pendants du trafic illicite. Cette dichotomie conceptuelle est d'ailleurs reprise expressément dans l'intitulé de la Convention sur les biens culturels volés ou illicitement exportés de l'Institut pour l'unification du droit privé (ci-après Unidroit) du 24 juin 1995.

Analyse structurelle du trafic illicite des biens culturels

Difficilement quantifiable par nature, le trafic illicite des biens culturels serait estimé entre 2 et 4,5 milliards d'euros chaque année, ce qui le placerait en troisième position derrière

---

[1] Recommandation concernant les mesures à prendre pour interdire et empêcher l'exportation, l'importation et le transfert de propriété illicites des biens culturels, 19 novembre 1964, Convention UNESCO concernant les mesures à prendre pour interdire et empêcher l'importation, l'exportation et le transfert de propriété illicites des biens culturels, Paris, 14 novembre 1970.

le trafic d'armes et de drogues[2]. Ce fléau, qui a atteint des proportions inquiétantes ces dernières années, ne se limite pas à une zone géographique particulière : l'Europe, avec environ 60 000 objets d'art volés chaque année, est lourdement touchée. Si l'Italie est le premier Etat victime du trafic illicite de biens culturels, la France paye aussi un lourd tribut : d'après l'office central de lutte contre le trafic des biens culturels, le trafic, alimenté par les vols, les pillages de fouilles archéologiques ou les exportations frauduleuses, a concerné en 2003 7000 objets[3]. Le pillage des biens archéologiques est devenu un problème majeur pour l'Afrique : depuis 1994, 90 % des sites de Bura, au Niger, ont été dégradés par des fouilles clandestines. Au Mali, au début des années 1990, une équipe de scientifiques néerlandais constatait que 45 % des 834 sites répertoriés dans le pays avaient été pillés[4]. L'Amérique latine et l'Asie sont aussi durement touchées par ce phénomène : au Pérou, 100 000 tombes, soit la moitié des sites connus, ont été saccagées ; en Chine, 15 000 tombes Hongshan ont été ravagées[5]. Le phénomène du trafic illicite des biens culturels touche tous les continents de la planète, et porte préjudice aussi bien aux institutions publiques qu'aux personnes privées. Le caractère international du trafic est d'autant plus marquant que les vols sont dans la plupart des cas suivis par un ou plusieurs franchissements de frontières, ce qui complique les enquêtes policières et tend à faciliter la liquidation du produit du vol. En effet, au terme d'une ou plusieurs reventes impliquant de nombreux intermédiaires et receleurs, le bien est susceptible d'entrer dans la sphère licite du trafic et de parvenir dans les mains d'un acquéreur considéré comme de bonne foi.

L'intensification du phénomène du trafic illicite des biens culturels est le fait de la conjugaison de différents facteurs déterminants. Les deux dernières décennies ont vu un développement sans précédent du marché de l'art, qui représente désormais un secteur actif de la vie économique où les investisseurs tentent de réaliser d'importants profits dans des laps de temps réduits. L'accroissement de la demande de la part des pays traditionnellement demandeurs, l'apparition de nouveaux marchés et la facilité accrue des communications sont à

---

[2] Lalive (P.), « Une convention internationale qui dérange : la convention UNIDROIT sur les biens culturels », *in* Dupuy (R.J.), Sicilianos (L.A.) (eds), *Mélanges en l'honneur de Nicolas Valticos*, Paris, Pedone, 1999, p. 177. Voir aussi Baque (P.), « Enquête sur le pillage des œuvres d'art », *Le Monde diplomatique*, janvier 2005, p. 19. L'utilisation du conditionnel est de mise car les informations à ce sujet sont fluctuantes. INTERPOL, sans démentir ces informations, ne les confirme pas et insiste sur la difficulté de quantifier le trafic illicite des biens culturels.
[3] Darties (B.), « Les bases de données, outil de lutte contre le trafic illicite des biens culturels », *in La coopération internationale au service de la sûreté des collections –journée d'études du 14 mai 2004*, BNF-réseau LIBER, p. 3.
[4] Baque (P.), *op. cit.*, p. 19.
[5] *Ibid.*

la base de l'exacerbation du trafic tout autant que l'extraordinaire hausse du prix des œuvres d'art liée notamment à l'afflux d'argent sur le marché. Selon le phénomène économique classique, plus la demande est forte, plus les fournisseurs ont besoin de matière première. Le trafic licite étant limité par le nombre d'objets disponibles sur le marché, les intermédiaires ont recours à des procédés illicites afin de pourvoir à la demande. Et plus l'objet est rare, plus il donne lieu à une forte spéculation sur le marché. Au gré de ces évolutions, le commerce licite des biens culturels est devenu le premier débouché du trafic illicite[6]. En outre, la conjoncture économique dans les pays les plus pauvres a renforcé le phénomène. L'instabilité politique dans nombre de pays, l'absence de législations nationales protectrices pour le patrimoine culturel ou le manque de moyens pour l'application de celles-ci lorsqu'elles existent, ouvrent le champ au pillage au détriment d'une politique volontaire de sauvegarde des patrimoines nationaux. Les effets de ce trafic sont pourtant dévastateurs à plusieurs points de vue. Ils sont évidents pour les personnes privées ou l'Etat dépossédés. Le patrimoine culturel national de certains pays a été systématiquement pillé et c'est un témoignage précieux sur l'histoire d'un peuple ou d'une civilisation qui est dispersé ou détruit. Le dommage peut aussi porter directement sur l'objet, souvent découpé pour faciliter son exportation, provoquant des dommages irréversibles. Les fouilles sauvages sont réalisées sans les précautions nécessaires à toute démarche archéologique : les objets découverts ne sortent pas indemnes du manque de professionnalisme et de la précipitation due à toute entreprise criminelle. C'est aussi la communauté scientifique qui souffre de ce trafic puisque tout objet déplacé sans précaution, sans étude préalable de son environnement, perd une grande partie de son intérêt scientifique.

L'inefficacité des mesures nationales contre le trafic illicite des biens culturels

Force est de constater que les mesures prises par les Etats sur un plan national sont certes nécessaires mais nullement suffisantes pour lutter contre un trafic, qui comme nous l'avons montré, est essentiellement international. La diversité des systèmes juridiques nationaux constitue un obstacle évident à la lutte contre ce trafic. En effet, chaque régime juridique définit en principe son objet et détermine ainsi son champ d'application *ratione*

---

[6] Rapport du secrétariat d'Unidroit, « Commentaire du projet de convention d'UNIDROIT sur le retour international des biens culturels volés et illicitement exportés », *Uniform Law Review*, 1993/1, p. 124. Cité ci-après comme « Commentaire du projet de 1993 ».

materiae. Si l'on veut établir un régime protégeant les biens culturels ou les œuvres d'art, il est nécessaire de définir ce que recouvrent ces notions. Or, l'hétérogénéité de la notion de l'art ou de la culture selon les différents systèmes juridiques tend à rendre difficile un consensus à ce sujet. En outre, tous les systèmes juridiques n'appréhendent pas les biens culturels comme des objets spécifiques mais leur appliquent parfois les règles générales en matière d'objets mobiliers corporels qui sont elles mêmes caractérisées, est-il besoin de le rappeler, par une grande diversité. L'opposition, certes quelque peu réductrice[7], entre les pays de tradition de *common law* et romano-germanique en matière d'acquisition de bonne foi, illustre bien cette diversité qui contribue à la complexité des conflits de lois concernant la vente des objets d'art. Les pays de tradition romano-germanique accordent, en effet, quoiqu'à des degrés différents, une protection large à l'acquéreur de bonne foi, ce qui accroît la sécurité juridique dans le commerce des biens culturels mais favorise aussi le trafic illicite. Les pays de tradition de *common law* appliquent la règle du *nemo dat quod no habet*, ce qui signifie que le titre de propriété ne peut être valablement acquis si le cédant ne détient pas lui-même un titre valable : l'acquéreur de bonne foi ne jouit pas d'une protection spéciale, si ce n'est celle que confèrent la prescription et les règles relatives aux ventes. La combinaison de la règle de la *lex rei sitae* applicable en matière d'acquisition de biens meubles et la disparité des droits matériels font le jeu des trafiquants qui choisissent leur lieu d'action et rend aléatoire la revendication d'un bien culturel à l'égard d'un acquéreur de bonne foi.

Concernant plus spécifiquement la question de la restitution pour exportation illicite, la prétention de l'Etat qui a subi une telle exportation est en principe rejetée en droit commun. Il s'agit ici du principe classique de non-application du droit public étranger. Chaque Etat est libre d'organiser un contrôle sur le commerce international dans la limite de sa compétence territoriale. Tout acte d'un Etat, en l'espèce une législation sur l'interdiction d'exportation, prétendant exercer sur un territoire étranger des mesures contraignantes sur les biens est considérée comme une violation de la souveraineté de l'Etat. Ainsi, toute prétention unilatérale d'application extraterritoriale du contrôle des exportations est rejetée sauf accord de volonté contraire des Etats sur ce point.

---

[7] Cette opposition est réductrice dans le sens où il existe des oppositions même au sein de ces grandes familles juridiques. Voir à ce propos : Lalive d'Epinay (P.), « Une avancée du droit international : la Convention de Rome d'UNIDROIT sur les biens culturels volés ou illicitement exportés », *Uniform Law Review*, 1996/1, p. 44.

Le cadre national n'est donc pas adapté à la lutte contre le trafic illicite des biens culturels et il revient par conséquent aux Etats d'établir dans l'ordre juridique international, en complément des législations nationales, des normes de protection des biens culturels visant à lutter contre le trafic illicite de ces biens.

L'effectivité des instruments internationaux relatifs la restitution des biens culturels en question.

Dans l'ordre juridique international, les instruments normatifs de protection des biens culturels visent à leur assurer une protection matérielle et juridique. La restitution des biens culturels est, ainsi, un élément parmi d'autres du dispositif de coopération culturelle visant la protection de ces biens et la lutte contre le trafic illicite. Elle n'a de sens que si, en même temps, une politique de prévention contre les risques subis par les biens culturels est mise en place. L'effectivité du dispositif global de lutte contre le trafic illicite dépend, en partie, de l'établissement de règles protectrices des biens culturels visant à compléter le mécanisme de restitution, qui constitue le dernier maillon de la chaîne normative de protection des biens culturels. La lutte contre le trafic illicite nécessite la mise en place d'un triptyque normatif comprenant la prévention, la protection et la restitution des biens culturels. C'est par ces différents biais que les Etats et les organisations internationales ont agi en matière de coopération internationale dans la protection des biens culturels. Des règles concernant la prévention contre les dommages causés aux dits biens, la protection matérielle, juridique et la restitution ont notamment été mis en place dans l'ordre juridique international. La protection des biens culturels et la prévention contre les dommages qui leur sont causés est assurée par plusieurs conventions internationales, dont notamment la convention pour la protection des biens culturels en cas de conflit armé du 14 mai 1954 ou encore la convention concernant la protection du patrimoine mondial culturel et naturel du 16 novembre 1972. Dans le cadre de cette étude, la seule restitution des biens culturels sera analysée, car elle est présente en soi un intérêt et une problématique propre.

La restitution n'est pas une notion monolithique. Elle a été appréhendée en droit international à travers trois angles différents : elle a été envisagée en cas de conflit armé, dans le cadre de la décolonisation[8], et enfin en cas de trafic illicite. Historiquement, la question de la restitution des biens culturels a d'abord été traitée en relation avec la problématique des conflits armés. On trouve les prémices de cette obligation dans les conventions de La Haye de 1899 et 1907[9]. Puis elle a été clairement affirmée sous les auspices de l'UNESCO dans le Protocole à la convention pour la protection des biens culturels en cas de conflit armé du 14 mai 1954. La question, très discutée dans les années 1970, de « la restitution au pays d'origine » des biens culturels pris pendant une période de domination coloniale résulte d'un *corpus* juridique composé de résolutions d'organisations internationales, notamment les résolutions 3187 (XXVIII) du 18 décembre 1973 et 3391 (XXX) du 19 novembre 1975 de l'Assemblée générale des Nations unies. Enfin, la question de la restitution a été appréhendée sous l'angle de la lutte contre le trafic illicite, domaine qui constitue l'objet de notre étude.

La problématique de la restitution en cas de trafic illicite ne se cantonne pas à l'étude de la restitution en temps de paix. Le contexte du conflit armé ou du temps de paix n'est pas une condition d'application du régime juridique prévu pour la restitution en cas de trafic illicite. Ainsi, les règles que nous analyserons sont applicables lorsqu'il a été commis un vol ou une exportation illicite. Ni la Convention de l'UNESCO concernant les mesures à prendre pour interdire et empêcher l'importation, l'exportation et le transfert de propriété illicites des biens culturels ni la convention d'Unidroit sur les biens culturels volés ou illicitement exportés, tout en étant conçue principalement pour les restitutions en temps de paix, n'excluent leur application en temps de conflit armé[10]. Il est tout à fait imaginable d'appliquer les règles prévues par la convention de 1970 au cas des pillages de musées irakiens survenus après l'intervention de la coalition menée par les Etats-Unis en 2003[11]. Il est, en outre, des cas

---

[8] La terminologie utilisée dans les années 1970 pour désigner ce type de restitution était celle de « retour au pays d'origine ». Voir notamment Goy (R.), « Le retour et la restitution des biens culturels à leur pays d'origine en cas d'appropriation illégale », *R.G.D.I.P.*, 1979/4, pp. 962-985. Dans la littérature étrangère, des expressions similaires sont utilisées. Voir notamment pour la littérature de langue allemande Odendahl (K.), *Kulturgüterschutz – Entwicklung, Struktur und Dogmatik eines ebenenübergreifenden Normensystems*, Tübingen, Mohr Siebeck, 2005, p. 162. La terminologie est la suivante: *Restitution kriegsbedingt verbrachte Kuturgüter* (restitution en cas de conflit armé), *Restitution nach illegaler Ausfuhr* (restitution après exportation illicite) et *Restitution von Kulturgütern an die Ursprungsländer* (restitution au pays d'origine).
[9] Convention (II) concernant les lois et coutumes de la guerre sur terre et son Annexe: Règlement concernant les lois et coutumes de la guerre sur terre. La Haye, 29 juillet 1899 et Convention (IV) concernant les lois et coutumes de la guerre sur terre et son Annexe: Règlement concernant les lois et coutumes de la guerre sur terre. La Haye, 18 octobre 1907. L'obligation de restitution n'est pas alors envisagée expréssement mais comme une obligation secondaire de réparer, survenant à la suite d'une violation d'une norme interdisant la saisie des biens culturels (article 56 alinéa 2 de la convention de 1907), la confiscation (article 46 alinéa 2) et le pillage (article 47).
[10] Carducci (G.), « L'obligation de restitution des biens culturels et des objets d'art en cas de conflit armé : droit coutumier et droit conventionnel avant et après la convention de la Haye de 1954 », *R.G.D.I.P.*, 2000/2, p. 351.
[11] L'Irak est en effet partie à la convention de 1970. Voir à ce propos la liste rouge d'urgence des antiquités irakiennes en péril publiée par le Conseil International des musées (ICOM) établie par un comité d'expert le 7 mai 2003.

où la restitution peut se fonder sur le protocole de 1954 concernant la restitution en temps de conflit armé et la convention de 1970 comme cela a été le cas au Cambodge[12].

Dans le cadre de cette étude, nous nous focaliserons sur l'analyse de la restitution des biens culturels en cas de trafic illicite, qui connaît comme fait générateur de l'application de son régime juridique le vol et l'exportation illicite. L'étude des questions de restitution dans le cadre du droit des conflits armés ou en rapport avec les questions de décolonisation est donc exclue. De plus, la problématique de la restitution supposant par définition un déplacement physique de l'objet, seul les biens meubles, au sens pratique du terme, seront appréhendés. L'appréciation du caractère mobilier ou immobilier d'un bien est parfois difficile à apprécier d'un point de vue juridique, tant les changements d'affectation de certains biens sont courants[13].

L'obligation de restitution des biens culturels en cas de trafic illicite s'est affirmée progressivement et a été cristallisée principalement par deux instruments conventionnels dans l'ordre juridique international: la convention de l'UNESCO de 1970 et la convention d'Unidroit de 1995, ainsi que par des textes normatifs régionaux tels que la convention de l'Organisation des Etats américains (ci-après OEA) sur la défense du patrimoine archéologique historique et artistique des nations américaines de 1976 et la directive du Conseil de l'Union Européenne relative à la restitution de biens culturels ayant quitté illégalement le territoire d'un État membre de 1993 et enfin par des conventions bilatérales. Ce *corpus* juridique est le fruit de négociations tendues, tant il est difficile de trouver un consensus dans le domaine de la restitution des biens culturels. Les intérêts antagoniques des Etats importateurs et exportateurs de biens culturels, les obstacles juridiques dus à la diversité des législations internes, sont autant d'éléments concourant à la difficile concrétisation sur un plan normatif de l'obligation de restitution. Le domaine de la restitution des biens culturels est délimité dans ses extrémités par deux principes en apparence inconciliables : la liberté des échanges des biens culturels et la préservation du patrimoine culturel de chaque Etat. La question de la restitution n'échappe pas au dilemme consistant à favoriser un principe sur

---

[12] Clement (E.), « Unesco, some specific cases of recovery of cultural property after an armed conflict », *in* Briat (M.), Freedberg (J.A.) (eds), *Legal aspects of international trade in art*, Paris, ICC, 1996, p. 160.

[13] Voir notamment l'affaire des fresques de Casanoves, Cour d'appel de Montpellier, 18 décembre 1984, *Recueil Dalloz Sirey*, 1985, p. 208. Il s'agissait de déterminer la nature juridique de fresques qui avaient été détachées des murs de la chapelle de Casanoves. La cour les avait alors qualifier d'immeubles par destination.

l'autre. Le consensus, difficile mais indispensable, tant le domaine de la protection des biens culturels nécessite une solidarité accrue sur le plan mondial, a été trouvé, mais on peut dès lors questionner l'effectivité des instruments internationaux établissant l'obligation de restitution qui résultent de ce compromis par rapport à l'objectif affiché de la lutte contre le trafic illicite des biens culturels. En d'autres termes, il s'agit de savoir si ces instruments sont de nature, non pas à annihiler le trafic, un tel objectif relèverait de l'utopie, mais à lutter de manière efficace contre celui-ci sur un plan juridique et pratique.

Ainsi, nous analyserons dans une première partie comment s'est affirmée l'obligation de restitution des biens culturels en cas de trafic illicite au travers de son histoire conventionnelle (I) et nous montrerons dans une deuxième partie les limites de la mise en œuvre du régime de restitution de ces biens (II).

PREMIERE PARTIE : L'AFFIRMATION CONVENTIONNELLE DE L'OBLIGATION DE RESTITUTION DES BIENS CULTURELS EN CAS DE TRAFIC ILLICITE

La question de la restitution des biens culturels en cas de trafic illicite se heurte à des obstacles tant politiques que juridiques. Le consensus politique a été longtemps difficile à atteindre et ce n'est que depuis une trentaine d'années que des instruments conventionnels à vocation universelle ont pu être adoptés. Ainsi, la convention de l'UNESCO de 1970 et la Convention d'Unidroit de 1995 constituent les principaux instruments à vocation universelle de lutte contre le trafic illicite établissant un régime de restitution des biens culturels. A l'échelon régional, les textes normatifs tels que la convention de l'OEA de San Salvador sur la défense du patrimoine archéologique historique et artistique des nations américaines de 1976 et la directive du Conseil de l'Union Européenne relative à la restitution de biens culturels ayant quitté illégalement le territoire d'un État membre de 1993 sont, eux aussi, relativement récents.

Cependant, dès les années 1930, l'Office international des musées, a élaboré sous l'égide de la Société des Nations et de la Commission internationale de la coopération intellectuelle, trois projets en 1933, 1936 et 1939[14] qui ne sont jamais entrés en vigueur mais qui ont servi de modèles pour les travaux ultérieurs de l'UNESCO. Notons aussi que la question de la restitution est abordée dans le traité de Washington de 1935 (*Treaty on the protection of movable property of historic value*), plus connu sous le nom de Pacte Roerich, qui n'a été signé que par des Etats latino-américains et qui, du fait de l'absence des Etats-Unis, est quasiment dépourvu de tout intérêt pratique. L'article 5 de cette convention, dispose en effet que « *the custom houses of the country into which the importation of movable*

---

[14] Respectivement: projet de convention internationale sur le rapatriement des objets d'intérêt artistique, historique ou scientifique, perdus ou volés, ou ayant donné lieu à une aliénation ou exportation illicite (1933), projet de convention internationale pour la protection des patrimoines historiques et artistiques nationaux (1936), projet de convention internationale pour la protection des collections nationales d'art et d'histoire (1939), *Art et Archéologie*, 1939/1, pp. 51-78.

monuments from a signatory country is attempted without the necessary authorization shall confiscate them and return them to the Government of the country of origin for the appropriate penalty for illegal exportation » [15]. L'UNESCO s'était déjà intéressée à la question du trafic illicite avant 1970 : le 19 novembre 1964, la conférence générale de l'UNESCO adopta une recommandation concernant les mesures à prendre pour interdire et empêcher l'exportation, l'importation et le transfert de propriété illicites des biens culturels. Celle-ci a été le modèle principal de la convention de 1970. Elle a permis de préparer les consciences étatiques à un instrument conventionnel qui, sur le plan de l'engagement, est nettement supérieur. Les recommandations, qui n'ont pas de force obligatoire, sont souvent le premier pas vers un engagement formellement plus contraignant. Elles sont le fruit de négociations difficiles où les divergences entre les Etats sont déjà marquées. Le traitement de la question de la restitution des biens culturels est une véritable gageure pour les Etats et les organisations internationales compétentes : il s'agit de parvenir à un consensus sur une matière qui est difficilement définissable et marquée de surcroît par des intérêts opposés.

Ainsi, nous montrerons comment l'obligation de restitution en cas de trafic illicite a été consacrée en soulignant, dans un premier chapitre, la difficulté de la recherche d'un consensus en la matière. Nous analyserons les solutions retenues dans les différents instruments internationaux et nous nous intéresserons dans un deuxième chapitre à la dichotomie du fondement de l'obligation de restitution en cas de trafic illicite.

---

[15] Cité dans Turner (S.), *Das Restitutionsrecht des Staates nach illegaler Ausfuhr von Kulturgütern – Eigentumsordnung und völkerrechtliche Zuordnung*, Berlin, Walter de Gruyter, 2002, p. 260.

CHAPITRE I : LA DELICATE RECHERCHE D'UN CONSENSUS AU NIVEAU INTERNATIONAL SUR LA RESTITUTION DES BIENS CULTURELS

La question de la restitution des biens culturels en cas de trafic illicite est extrêmement délicate à traiter au niveau international pour plusieurs raisons. Tout d'abord, la définition de la matière suppose la recherche d'un consensus difficilement réalisable, quand on sait les divergences d'opinions des Etats sur des notions comme la protection du patrimoine culturel et les échanges de biens culturels. En outre, nul n'est besoin de souligner la difficulté de définir au niveau international des concepts tels que les œuvres d'art ou les biens culturels. Or, la question du champ d'application *ratione materiae* des conventions internationales concernant la protection des biens culturels est primordiale car elle détermine le champ d'action et même l'efficacité de la convention dans son ensemble.

Ce défi pour les rédacteurs des conventions a été de taille, mais a dû être relevé pour répondre au phénomène du trafic illicite des biens culturels. Il est nécessaire toutefois d'ajouter que ce serait beaucoup demander au seul droit international de définir ce qu'on entend par art ou culture. Là n'est pas son objet. Il s'agit plutôt de trouver un consensus sur la méthode de définition des biens culturels et sur le choix de laisser aux Etats la liberté de qualifier les biens de culturels ou de chercher un point de rencontre entre les Etats, afin d'élaborer une définition autonome des biens culturels. Au fur et à mesure de l'élaboration des instruments internationaux relatifs à la restitution des biens culturels, les notions définissant la matière se sont affinées (section 2), ce qui est d'autant plus remarquable que les Etats ne sont pas facilement prêts à s'entendre au niveau international dans le domaine si sensible de la culture, et ce malgré les dangers liés au trafic illicite pesant sur leurs patrimoines respectifs. Les antagonismes sont durablement ancrés entre les Etats importateurs et exportateurs et leurs intérêts difficilement conciliables : les uns soulignent en effet l'importance de la protection du patrimoine national, quand les autres défendent l'idée du libre échange des biens culturels (section 1).

Section 1 : Des intérêts contradictoires à concilier : entre protection et diffusion des biens culturels

Les tensions sur la question de la restitution sont vives au sein de la communauté des Etats depuis 50 ans et ce, malgré la signature de plusieurs conventions internationales. Le manque d'unité des Etats est flagrant et a rendu, en conséquence, difficile les progrès dans ce domaine. Pierre Lalive, qui fut président de la conférence diplomatique pour l'adoption du projet de convention d'Unidroit, a été l'observateur du « gouffre psychologique et politique » entre les Etats importateurs et exportateurs de biens culturels. Pendant la conférence, « le débat opposait, schématiquement deux groupes d'Etats, d'un côté les pays victimes d'exportation illicite et soucieux de conserver leur patrimoine culturel, de l'autre, les pays importateurs, souvent plus riches et satisfaits de voir s'accroître leurs collections publiques et privées » [16]. De plus, on ne manquera pas de noter que les revendications des Etats exportateurs de biens, lors des différentes conférences diplomatiques traitant du trafic illicite, ne sont pas forcément différentes dans leur contenu de leurs revendications sur la question de la restitution des biens culturels transférés lors d'une période de domination coloniale. L'enjeu pour les rédacteurs des conventions internationales a donc été de concilier les intérêts des partisans d'une protection nationale du patrimoine, désireux d'étendre le plus possible la portée du principe de restitution des biens culturels afin de garantir une protection optimale de leur patrimoine culturel national (§1) et les partisans de la libre circulation des biens culturels, dont l'objectif est de restreindre le plus possible la portée du champ d'application du principe de restitution des biens culturels (§2).

§ 1 La protection du patrimoine national ou la défense des intérêts des Etats exportateurs

Soucieux de préserver leur patrimoine culturel, les Etats exportateurs de biens culturels ont mis en place des règles protectrices restreignant le commerce des biens culturels et une politique tendant à revendiquer la restitution de biens appartenant à leur patrimoine national mais situés dans d'autres Etats. Cette attitude, conceptualisée sous le nom de

---

[16] Lalive d'Epinay (P.), *op.cit.*, p. 55 (cf. note 7).

« nationalisme culturel » (A), trouve un fondement juridique renforcé par les instruments instaurant un mécanisme de restitution (B).

A. La théorie du nationalisme culturel

Les biens culturels ont ceci de particulier qu'ils ne sont pas simplement des biens marchands soumis à la loi de l'offre et la demande. Ils participent de l'identité culturelle d'un peuple ou d'une nation ; tout objet d'art, qu'il soit d'essence populaire, élitiste, est le témoin le plus sûr de l'histoire d'un peuple, d'une civilisation. Il est l'empreinte de l'homme dans l'espace et le temps. De ce point de vue, il fait partie intégrante du patrimoine d'un pays et contribue à maintenir et à favoriser un lien dans une communauté où l'oeuvre d'art est perçue comme l'expression d'une histoire commune. L'essence même d'une nation se manifeste, en partie au moins, dans son patrimoine culturel. Cette théorie, qui trouve ses racines juridiques dans l'idée de souveraineté territoriale de l'Etat, a été conceptualisée dans la doctrine par John Henry Merryman sous le nom de « nationalisme culturel »[17]. Selon celle-ci, les biens culturels font partie du patrimoine culturel de la nation où il a été créé ou découvert. Par conséquent, la propriété des biens appartenant au patrimoine d'un Etat donné ne peut être attribuée qu'à ce dernier. Ces biens sont par essence inaliénables et sont susceptibles de restitution au cas où ils n'appartiennent pas à cet Etat. Ainsi, Barbara Philippaki, ancienne directrice du musée national grec, affirme que « les biens culturels sont les *species differentiae,* les éléments par lesquels un pays se distingue d'un autre. Ils sont le produit d'expériences perdues au cours des siècles, de mélanges biologiques uniques ainsi que de modes de vie apparus dans des conditions géographiques, climatiques, sociales, religieuses et politiques particulières. Ils appartiennent donc aux peuples qui les ont créés et qui revendiquent aujourd'hui le droit de les reprendre quelque soit l'intérêt qu'ils présentent pour l'humanité tout entière »[18]. Le comité d'expert du conseil international des musées (ci-après ICOM), réuni en 1978 pour réfléchir sur la question de la restitution, déclara alors que « le patrimoine culturel est un élément essentiel de l'identité nationale et que tous les peuples doivent avoir les moyens de disposer des objets qui sont les témoins irremplaçables de leur héritage »[19]. De plus, afin d'étayer cette thèse, les partisans du « nationalisme culturel » avancent l'argument selon lequel un objet

---

[17] Merryman (J.H.), « Two ways of thinking about cultural property », *A.J.I.L.*, 1986/4, p. 832.
[18] Philippaki (B.), « Le retour et la restitution des biens culturels », *Museum*, 1979/31, n° 1, p. 15.
[19] Comité *ad hoc* désigné par le conseil exécutif d'ICOM, « Etude réalisée par l'ICOM relative aux principes, conditions et moyens de la restitution en vue de la reconstitution du patrimoine dispersé », *Museum*, 1979/31, n°1, p. 62.

d'art est mieux apprécié et étudié dans son propre environnement[20]. Une oeuvre d'art ne peut apporter des informations plausibles pour la connaissance sur le passé des hommes qui l'ont produit que lorsqu'elle est étudiée *in situ*, c'est-à-dire dans son contexte archéologique ou ethnologique. En Afrique en particulier, où les sociétés anciennes n'ont guère pratiqué l'écriture, les cultures matérielles sont essentielles pour la connaissance de l'histoire de ces sociétés. Outre cet argument, la question économique n'est jamais loin de la revendication des biens culturels, étant donné que le tourisme peut représenter une source importante de revenus pour un pays. Ces arguments sont ceux utilisés pour fonder une politique restrictive tendant au maintien ou à « la rétention », selon les adversaires de cette politique[21], du maximum de biens culturels.

B. Un fondement juridique renforcé par les instruments instaurant un mécanisme de restitution des biens culturels

Les partisans du « nationalisme culturel » sont naturellement les Etats qui souffrent le plus du trafic illicite des biens culturels, car cette théorie peut leur permettre de légitimer la propriété sur des biens pour lesquels ils demandent la restitution. Ils peuvent trouver un fondement juridique dans les résolutions de l'Assemblée générale des Nations unies qui s'est emparée de la question de la restitution des biens culturels à partir des années 1970. Elle mit en œuvre en 1973 une politique de « protection du patrimoine artistique national » dans le cadre de la préservation et l'épanouissement des valeurs culturelles[22] et adopta, à partir de cette même année, des résolutions concernant plus spécifiquement la question de la restitution, dont l'idée sous-jacente est que le patrimoine culturel est essentiel à l'identité et nécessaire au développement d'un peuple. Dans la résolution 3187 (XXVIII) du 18 décembre 1973, l'Assemblée générale affirma que « que la promotion de la culture nationale peut accroître l'aptitude des peuples à comprendre la culture et la civilisation d'autres peuples » ou encore que « l'héritage d'un peuple conditionne dans le présent et l'avenir l'épanouissement de ses valeurs artistiques et son développement intégral ». Elle utilisera les mêmes termes lors de la résolution 3391 (XXX) du 19 novembre 1975. Ces formules relèvent plus de l'incantation que de l'obligation juridique et la portée dans l'ordre juridique international de

---

[20] O'Keefe (P.J.), Prott (L.V.), *Law and the cultural heritage – Movement*, London, Butterworths, 1989, volume 3, p. 841.
[21] Merryman (J.H.), *op. cit.*, p. 844 (cf. note 17).
[22] Résolution 3148 (XXVIII), 14 décembre 1973.

la protection du patrimoine national comme fondement de la restitution reste faible puisque les résolutions de l'Assemblée générale ne sont pas formellement obligatoires. Les destinataires ont pour le moins l'obligation de les examiner de bonne foi. Ce corpus juridique appartient au domaine de la *soft law*, qui se révèle être plus l'expression d'une volonté de coopération que d'une véritable volonté de s'engager.

L'instrument international principal, stigmatisé comme « nationaliste » par les partisans du courant « internationaliste », demeure la convention de l'UNESCO de 1970. Celle-ci prévoit à son article 3 que « sont illicites l'importation, l'exportation et le transfert de propriété des biens culturels, effectués contrairement aux dispositions prises par les États parties en vertu de la présente Convention». Ainsi, c'est un pouvoir quasi discrétionnaire qui est laissé aux Etats quant à la définition de ce qui est illicite dans une exportation de biens culturels. Par l'effet de cette convention, l'illicéité sur un plan national le devient dans l'ordre juridique international. Cependant, ne peuvent être qualifiés d'internationalement illicites, d'après cet article, que les transferts effectués en violation des règles adoptées par chaque Etat partie afin d'exécuter certaines dispositions de la convention. Cette limitation n'est que très peu effective dans la mesure où le champ d'application de la convention est particulièrement large. A titre d'exemples, l'article 6, lettre b est relatif à l'interdiction de sortie d'un bien sans certificat d'exportation, l'article 7, lettre b (i) concerne l'interdiction d'importation des biens culturels volés et l'article 13, lettre a, prévoit l'interdiction des « transferts de propriété de biens culturels tendant à favoriser l'importation ou l'exportation illicites de ces biens ». La portée de l'article 3 de la convention de 1970 dépend donc de la mise en œuvre de ces dispositions par les Etats membres[23]. La tentation d'étendre l'illicéité à un maximum de mouvements transfrontaliers de biens culturels est néanmoins grande pour les Etats désireux de maintenir le plus grand nombre de biens sur leurs territoires et corollairement de restreindre au maximum le commerce et les échanges des biens culturels. Les autres instruments relatifs à la restitution des biens culturels s'inscrivent aussi, à des degrés divers, dans la perspective du « nationalisme culturel » en reconnaissant les législations d'interdiction d'exportation de certains biens culturels. Ceci est notamment le cas au niveau européen dans le cadre du règlement (CEE) n° 3911/92 du Conseil du 9 décembre 1992 prévoyant des

---

[23] Fraoua (R.), *Convention concernant les mesures à prendre pour interdire et empêcher l'importation, l'exportation et le transfert de propriété illicites des biens culturels, Paris, 1970; commentaires et aperçu de quelques mesures nationales d'exécution*, Paris, UNESCO, 1986, (CC.86/WS/40), p. 58.

licences d'exportation pour certains biens et de la directive du 15 mars 1993 relative à la restitution de biens culturels ayant quitté illicitement le territoire d'un État membre.

§ 2 La promotion de la diffusion de la culture ou la défense des intérêts des Etats importateurs

A l'opposé, les Etats désireux de promouvoir la diffusion de la culture par le développement des échanges des biens culturels s'appuient sur la théorie de « l'internationalisme culturel » (A) dont le fondement juridique est cependant dominé par la *soft law* (B).

A. La théorie de l'internationalisme culturel

Le postulat des « internationalistes » est différent de celui des « nationalistes ». Leur conception des biens culturels se rapproche du concept de patrimoine commun de l'humanité véhiculé par la convention sur le patrimoine mondial, culturel et naturel, signé à Paris le 21 novembre 1972. John Merryman définit cette conception de la culture dans les termes suivants: « *one way of thinking about cultural property* (...) *is a composent of a common human culture, whatever their places of origin or present location, independent of property rights or national jurisdiction* »[24]. L'internationalisme culturel revient à nier l'idée même de nationalité des biens culturels, de leur appartenance à un peuple ou une nation donnée. Ainsi, il affaiblit la position de l'Etat requérant en faveur de l'Etat de la présence effective du bien puisque celui-ci appartient plus à l'humanité dans son ensemble qu'à un Etat donné. De même, si un bien culturel appartient à l'humanité, aucun Etat ne peut empêcher un autre Etat ou ses ressortissants de l'acquérir. Cette théorie souligne les avantages économiques résultant d'un commerce libre visant à permettre autant que possible à tous les Etats d'avoir accès au patrimoine culturel de l'humanité. Outre ces avantages économiques, un système de libre échange en matière d'art est également bénéfique d'un point de vue culturel car la circulation des œuvres d'art à travers les frontières contribue aux dialogues entre les cultures nationales,

---

[24] Merryman, *op. cit.*, p. 831, (cf. note 17).

ce qui constitue un propulseur non négligeable de l'entente des peuples et *in fine* de la paix[25]. Les législations d'interdiction d'exportation ou d'inaliénabilité, légitimées par les conventions traitant du trafic illicite des biens culturels, sont donc incompatibles et contraires avec ce courant de pensée. De plus, il est soutenu que les biens culturels doivent être vus potentiellement par le plus grand nombre et que de ce fait, les musées qui bénéficient d'une large audience doivent pouvoir acquérir facilement les biens culturels provenant de contrées éloignées de ces musées[26], c'est-à-dire d'Afrique, et d'Amérique du sud ou d'Asie. Cet argument se fondant sur la vocation universelle de certains musées est problématique dans la mesure où ces musées dits « universels » se trouvent, dans une large majorité, en Occident. L'universalisme trouve ici ses limites puisque seuls les individus les plus riches, c'est-à-dire en majorité les occidentaux, sont susceptibles d'utiliser des moyens de transport coûteux tels que l'avion et ont donc les moyens de se déplacer pour voir les œuvres en question. Il est, en outre, avancé que les interdictions d'exportation et la limitation des échanges culturels qui en résultent peuvent représenter un risque pour la conservation des objets, puisque les pays riches en patrimoine ne le sont pas forcément en technologie de conservation d'œuvres d'art. Ceci se confirme en effet dans la réalité. Mais c'est oublier, d'une part, que ces Etats ont une obligation juridique en vertu de l'article 4 de la convention de 1972 concernant la protection du patrimoine mondial culturel et naturel, de protéger et de conserver leur patrimoine. D'autre part, rien n'empêche un Etat qui n'aurait ni les ressources budgétaires ni les capacités technologiques nécessaires à la conservation d'un objet de faire appel à la solidarité des autres pays en établissant un système de coopération qui permette d'améliorer les conditions de conservation de l'objet sur place. Les Etats revendiquant cet « internationalisme culturel » sont naturellement les pays où le commerce d'art prospère, où les capitaux sont en quête de placement, et où, au contraire, les biens culturels sont peu nombreux.

B. Un fondement juridique dominé par la *soft law*

La thèse internationaliste peut tout d'abord s'appuyer sur la convention de 1972 sur le patrimoine mondial qui souligne l'importance de la protection du patrimoine pour l'humanité.

---

[25] Wyss (M. P.), « Rückgabeansprüche für illegal ausgeführte Kulturgüter – Überlegungen zu einem kulturpolitischen Ordre public », p. 201, *in* Fechner (F.), Oppermann (T.), Prott (L.V.) (eds), *Prinzipien des Kulturgüterschutzes*, Berlin, Dunckler & Humblot, 1996.
[26] O'Keefe (P.J.), Prott (L.V.), p. 846, (cf. note 20).

Le préambule souligne le fait « que la dégradation ou la disparition d'un bien du patrimoine culturel et naturel constitue un appauvrissement néfaste du patrimoine de tous les peuples du monde » ou encore que « que devant l'ampleur et la gravité des dangers nouveaux qui les menacent il incombe à la collectivité internationale tout entière de participer à la protection du patrimoine culturel et naturel de valeur universelle exceptionnelle, par l'octroi d'une assistance collective qui sans se substituer à l'action de l'Etat intéressé la complétera efficacement ». La responsabilité collective des Etats est ainsi soulignée tout au long de la convention. Cependant, on ne manquera pas de noter que cette convention ne traite pas dans son objet de la question spécifique de la restitution des biens culturels et se focalise sur la protection des biens culturels immeubles[27], quand la restitution et les échanges de biens culturels impliquent nécessairement des biens meubles.

Face aux préoccupations et craintes justifiées de certains Etats selon lesquelles la convention de 1970 était susceptible de restreindre le commerce licite de biens culturels et par conséquent de favoriser mécaniquement le trafic illicite, la Conférence générale de l'UNESCO, adopta, le 26 novembre 1976 lors de sa 19ème session, une recommandation concernant l'échange international des biens culturels. L'objectif était alors de promouvoir les échanges de biens culturels en le conciliant avec l'impératif de lutte contre le trafic illicite de biens culturels. Cependant, on peut questionner la compatibilité de la convention de 1970 et de certaines dispositions de la recommandation. L'article 3 de la recommandation prévoit en effet que « les Etats membres devraient, conformément à leur compétence législative et constitutionnelle et selon les conditions propres à chaque pays, adapter les lois ou règlements existants ou adopter de nouvelles dispositions législatives ou réglementaires en matière de propriété publique et en matière fiscale et douanière et prendre toutes les autres mesures nécessaires pour rendre possibles ou faciliter, exclusivement aux fins d'échanges internationaux de biens culturels entre institutions culturelles, les opérations suivantes: (a) l'importation ou l'exportation, définitive ou temporaire ainsi que le transit de biens culturels, (b) l'aliénation ou le classement éventuel de biens culturels appartenant à une collectivité publique ou une institution culturelle ». Une partie de la réponse se trouve certainement dans l'analyse formelle de ces instruments. La convention de 1970 a force obligatoire entre les Etats parties alors que les Etats membres de l'UNESCO n'ont qu'une obligation d'examiner

---

[27] L'article 2 de la convention de 1972.

de bonne foi le contenu de la recommandation. Le fondement de la théorie internationaliste repose par conséquent sur des instruments dont la portée normative demeure faible.

Mais au-delà du clivage important entre les Etats, la lutte contre le trafic illicite demeure la priorité de la communauté internationale et la seule signature des conventions internationales en matière de restitution des biens culturels dans le cadre de lutte contre le trafic illicite est la preuve d'un consensus au niveau international. La tâche des rédacteurs de ces instruments internationaux n'a pas été cependant aisée. Lors des conférences diplomatiques réunies pour l'adoption de ces instruments relatifs à la restitution des biens culturels, une des difficultés principales a été de trouver un consensus sur la définition de la matière. Au fur et à mesure de l'élaboration de ces instruments internationaux, on a assisté à un affinement des notions concourant à la définition de la matière.

Section 2 : l'affinement progressif des notions concourant à la définition de la restitution des biens culturels

Déterminer la matière de la restitution des biens culturels suppose de définir d'une part, les biens culturels et ce qu'ils comportent et d'autre part, la restitution, notion qui a connu de nombreuses évolutions au cours de son histoire. La notion de biens culturels est extrêmement large : elle comprend les meubles et les immeubles, notamment ceux découverts ou encore sous la terre, dans le fond des mers, en possession de particuliers ou de collectivités publiques[28]. Après avoir constaté cette diversité, il faut néanmoins qualifier ce qui est intrinsèquement culturel. Là réside la vraie difficulté, puisque ce qui est culturel pour un Etat ne l'est pas pour un autre. La notion de culture est relative et varie en fonction des circonstances, de l'époque et des civilisations. Les rédacteurs des instruments internationaux relatifs à la restitution des biens culturels ont néanmoins dû s'entendre au niveau international sur la définition du bien culturel qui détermine, en grande partie, la définition du champ d'application *ratione materiae* de ces instruments. Le bien culturel n'est pas un bien ordinaire et mérite un traitement spécifique au niveau international qui soit susceptible de prendre en compte ses caractéristiques intrinsèques. Mais il apparaît que les rédacteurs des instruments

---

[28] Etude LXX – Doc. 1, REICHELT (G.), « la protection internationale des biens culturels », *Revue de droit uniforme / Uniform law review*, 1985/1, p. 64.

internationaux ont plus cherché à s'entendre sur une méthode de désignation des biens culturels que sur une définition autonome et synthétique (§1). Nous verrons, par la suite, que la notion de restitution, si elle est connue en droit international, n'en demeure pas moins évolutive quant à sa signification et surtout son fondement selon le contexte historique et juridique. L'histoire de son évolution est celle de son perfectionnement (§2).

§ 1 Un défi insurmontable ? La définition des biens culturels

Toute convention visant la protection ou la restitution des biens culturels doit prendre en compte, dans la définition de son champ d'application *ratione materiae*, la pluralité de la notion de biens culturels (A). A cet égard, plusieurs méthodes sont utilisées dans les instruments relatifs à la restitution afin de définir ce que recouvre la notion de biens culturels (B).

A. La pluralité de la notion de biens culturels

L'une des difficultés majeures en matière de protection internationale des biens culturels relève de l'indétermination de son objet. Si l'on songe, d'un point de vue juridique, au nombre et à la variété des définitions retenues dans les normes nationales, communautaires ou internationales, on se rend compte que la difficulté de parvenir à une notion précise et synthétique du concept de biens culturels n'est pas le fruit du hasard ou d'un laxisme des législateurs nationaux et des rédacteurs des conventions internationales, mais plutôt le résultat d'une difficulté objective. Une définition uniforme au niveau international du bien culturel suppose au préalable un consensus sur la détermination de la donnée culturelle du bien. Or, tous les instruments internationaux reconnaissent la spécificité des biens culturels sans en retenir de véritable définition. La tâche des rédacteurs de ces instruments internationaux est pour le moins ardue : comment définir de manière consensuelle et synthétique des biens reflétant une histoire, une culture donnée et qui touche à l'identité même d'un peuple ou d'un Etat, sans aboutir à une solution dont la teneur serait vidée de son sens par le fait même de la recherche d'un consensus ? Le sujet est d'autant plus sensible pour les Etats que la notion de biens culturels est souvent associée, à tort, à celle de patrimoine culturel. La notion de patrimoine culturel est bien plus large dans son champ d'application que celle de biens culturels dans la mesure où elle exprime une vision philosophique particulière. Pour Janet Blake, le patrimoine culturel exprime « *a form of inheritance to be kept in safekeeping and handed down to future generations* »[29]. De plus, il comporte des aspects non compris par la notion de biens culturels, notamment les aspects immatériels de la culture tels qu'exprimés par l'article 2 de la convention pour la sauvegarde du patrimoine culturel immatériel du 17 octobre 2003[30]. En outre, l'Etat est libre dans la détermination de ce qui constitue son patrimoine national. Nul n'est besoin de préciser que d'un pays à l'autre, le patrimoine culturel n'est pas entendu de la même manière. Un bien qu'on pourrait qualifier communément de « culturel » dans un pays à un moment donné ne l'est pas forcément dans un autre pays ou à une époque différente. La notion de culture résulte en effet de composantes socio-historiques dont la composition et l'importance respective varient dans le temps et l'espace[31].

Une autre difficulté provient du fait que les expressions « biens culturels », « œuvres d'art », ou encore « objets d'art » sont communément utilisées sans distinction. La notion d' « art », tout comme la notion de « culture », sont plurielles et ne se prêtent donc pas à une définition unitaire. Si l'on précise les rapports entre les notions d'œuvres d'art et de biens culturels, on peut considérer que la notion de biens culturels se distingue de celle d'œuvres ou d'objets d'art, en ce qu'elle n'appréhende que les seuls objets qui sortent de la dimension individualiste de la propriété pour atteindre une finalité d'intérêt général. Ainsi, Jean-Marie Pontier estime que l'expression de bien culturel dans les sciences juridiques « résume ce passage de l'œuvre d'art, œuvre individuelle, à l'œuvre d'art qui appartient au bien commun »[32]. Il convient de signaler que ces commodités linguistiques ne reflètent pas forcément une équivalence d'un point de vue juridique. Les seuls « biens culturels » sont expressément visés depuis 1954 et la convention de protection des biens culturels en cas de

---

[29] Blake (J.), « On defining the cultural heritage », *International and Comparative Law Quarterly*, 2000/49, p. 83.
[30] Article 2 § 1 : « On entend par "patrimoine culturel immatériel" les pratiques, représentations, expressions, connaissances et savoir-faire - ainsi que les instruments, objets, artefacts et espaces culturels qui leur sont associés - que les communautés, les groupes et, le cas échéant, les individus reconnaissent comme faisant partie de leur patrimoine culturel. Ce patrimoine culturel immatériel, transmis de génération en génération, est recréé en permanence par les communautés et groupes en fonction de leur milieu, de leur interaction avec la nature et de leur histoire, et leur procure un sentiment d'identité et de continuité, contribuant ainsi à promouvoir le respect de la diversité culturelle et la créativité humaine. Aux fins de la présente Convention, seul sera pris en considération le patrimoine culturel immatériel conforme aux instruments internationaux existants relatifs aux droits de l'homme, ainsi qu'à l'exigence du respect mutuel entre communautés, groupes et individus, et d'un développement durable ».
[31] Carducci (G.), *La restitution internationale des biens culturels et des objets d'art – droit commun, directive CEE, conventions de l'Unesco et d'UNIDROIT*, Paris, L.G.D.J., 1997, p. 215.
[32] Pontier (J.M.), « la notion d'œuvre d'art », *Revue du droit public*, 1990, p. 1428.

conflit armé[33] . Il en est de même dans les conventions suivantes traitant de la restitution des biens culturels, tout au moins pour les versions françaises de ces textes. En effet, si l'expression « *cultural property* » est utilisée dans le protocole de 1954 et la convention de 1970, la convention d'Unidroit, adopte l'expression de « *cultural objects* » car, d'après le secrétariat d'Unidroit, le terme de « *cultural property* » est apparu plus récemment en *common law*[34]. D'autre part, les traductions du concept de « bien culturel » ou « *cultural property* » ou « *object* » utilisées dans les versions authentiques des instruments internationaux ne trouvent pas leurs équivalents dans le « *beni culturali* » italien, « *benes culturales* » espagnol ou encore le « *Kulturgut* » allemand, tant ces expressions reflètent la signification particulière donnée par leurs systèmes juridiques nationaux respectifs[35].

La difficulté de tout effort de synthèse visant à aboutir à une définition juridique est accentuée par le caractère relatif et composite de la donnée culturelle du bien. Pourtant, la détermination de cette définition est fondamentale dans l'élaboration de la convention car elle fixe le champ d'application de celle-ci. Face à ce défi apparemment insurmontable, il est intéressant d'analyser les différentes méthodes utilisées dans les instruments internationaux relatifs à la restitution.

B. Les méthodes utilisées dans les instruments internationaux visant à définir les biens culturels

Plusieurs méthodes sont utilisées dans les instruments internationaux relatifs à la restitution afin de définir ce que recouvre la notion de biens culturels : les rédacteurs de ces instruments peuvent avoir cherché une définition autonome ou privilégié la solution du renvoi à l'appréciation des Etats. Au cours de cette analyse, nous étudierons indifféremment les instruments internationaux relatifs à la restitution à la suite d'un conflit armé ou spécifiquement assigné à la lutte contre le trafic illicite, afin d'avoir la vision la plus large

---

[33] Avant la deuxième guerre mondiale, l'office international des musées utilisaient, dans ces projets de convention, les expressions suivantes: « objets d'intérêt artistique, historique ou scientifique », « patrimoines historiques et artistiques nationaux ». On retrouve l'expression de « bien culturel », dans les conventions de l'UNESCO de 1954, 1970, dans la convention du Conseil européen de Delphes de 1985, dans la directive du conseil de l'Union européenne de 1993 et dans la convention d'Unidroit de 1995.

[34] Rapport du secrétariat d'Unidroit, Schneider (M.), « Convention d'UNIDROIT sur les biens volés ou illicitement exportés : rapport explicatif », *Uniform Law Review*, 2001/3, p. 489. Cité ci-après comme « Convention d'Unidroit :rapport explicatif ».

[35] Frigo (M.), « Cultural property versus cultural heritage, a battle of concepts in international law », *Revue internationale de la croix rouge*, 2004/86, p. 370.

possible. En effet, la distinction des circonstances dans lesquelles la restitution s'effectue ne légitime pas une différenciation de l'objet visé. Trois systèmes de définition des biens culturels sont susceptibles d'être utilisés : l'énumération, la catégorisation et le classement. Lyndell V. Prott et Patrick J. O'Keefe définissent l'énumération ainsi : « *an enumeration system mentions specifically each item that is proposed to protect* »[36], alors que le système de la catégorisation « *uses a very general description to establish what is included* »[37]. Le système de l'énumération a le mérite de la précision mais ne peut prétendre à l'exhaustivité. Le système de la catégorisation, par contre, pèche par manque de précision mais est susceptible de couvrir tous les types de biens culturels. Enfin, le classement consiste à accorder une protection particulière aux biens qui ont fait l'objet d'une décision spécifique de la part de l'autorité compétente[38]. Ce système existe dans l'ordre interne, notamment en France, mais ne saurait être effectif dans l'ordre juridique international en raison de son manque d'intégration. Ce système suppose en effet un système judiciaire et législatif développé.

Les méthodes et systèmes utilisés dépendent fondamentalement du but recherché. Dans la convention pour la protection des biens culturels en cas de conflit armé du 14 mai 1954, les biens culturels sont définis sans référence à une quelconque qualification nationale en suivant le système de la catégorisation[39]. L'époque était dominée par la vision « internationaliste » au sein de la communauté internationale : l'idée était d'appréhender les biens culturels comme un élément du patrimoine commun de l'humanité, quelque soit leur lieu de création ou leur situation actuelle[40]. Le préambule est significatif de cette appréciation : « considérant que la conservation du patrimoine culturel présente une grande importance pour tous les peuples du monde et qu'il importe d'assurer à ce patrimoine une protection internationale ». Une définition autonome de ce que constituent les biens culturels

---

[36] O'Keefe (P.J.), Prott (L.V.), *op. cit.*, p. 27 (cf. note 20).
[37] O'Keefe (P.J.), Prott (L.V.), *op. cit.*, p. 28.
[38] Etude LXX, Reichelt (G.), *op. cit.*, p. 68 (cf. note 28).
[39] Article premier : « Aux fins de la présente Convention, sont considérés comme biens culturels, quels que soient leur origine ou leur propriétaire: a. Les biens, meubles ou immeubles, qui présentent une grande importance pour le patrimoine culturel des peuples, tels que les monuments d'architecture, d'art ou d'histoire, religieux ou laïques, les sites archéologiques, les ensembles de constructions qui, en tant que tels, présentent un intérêt historique ou artistique, les oeuvres d'art, les manuscrits, livres et autres objets d'intérêt artistique, historique ou archéologique, ainsi que les collections scientifiques et les collections importantes de livres, d'archives ou de reproductions des biens définis ci-dessus ; b. Les édifices dont la destination principale et effective est de conserver ou d'exposer les biens culturels meubles définis à l'alinéa a, tels que les musées, les grandes bibliothèques, les dépôts d'archives, ainsi que les refuges destinés à abriter, en cas de conflit armé, les biens culturels meubles définis à l'alinéa a; c. Les centres comprenant un nombre -considérable de biens culturels qui sont définis aux alinéas a et b, dits « centres monumentaux ».
[40] Merryman (J.), *op. cit.*, p. 831, (cf. note 17).

s'imposait dans la convention de 1954. La démarche qui a prévalu lors de la rédaction de la convention de 1970 fut différente et marqua un certain recul par rapport à la convention de 1954. La définition retient la méthode de la catégorisation mais aussi celle de la qualification nationale[41]. Le consensus nécessaire à la signature de la convention ne pouvait pas alors permettre l'élaboration d'une définition autonome. Cette approche plus « nationaliste » qu' « internationaliste » est relayée tout au long du texte. A titre d'exemple, le préambule insiste sur le rôle prédominant de l'Etat et non de la communauté internationale dans la protection du patrimoine culturel. Ainsi, « chaque État a le devoir de protéger le patrimoine constitué par les biens culturels existant sur son territoire contre les dangers de vol, de fouilles clandestines et d'exportation illicite ». La prédominance du « nationalisme culturel » est reflétée par l'insertion de la condition de la qualification nationale. Par conséquent, chaque Etat est libre de définir ce qu'il entend par « bien culturel d'importance pour l'archéologie, la préhistoire, l'histoire, la littérature, l'art ou la science » selon ses propres critères. Deux limites à cette liberté donnée aux Etats sont incorporées afin de garantir un certain degré d'uniformité dans le champ d'application *ratione materiae* de la convention: tout d'abord, l'objet doit appartenir aux domaines que nous venons de citer mais aussi à l'une des onze catégories de la liste de l'article premier. Si la qualification par l'Etat a l'avantage d'une certaine souplesse, il n'en demeure pas moins qu'elle représente un risque pour la cohérence du champ d'application *ratione materiae* de la convention. La pratique en la matière confirme les divergences de vues des Etats quant à la définition des biens culturels et la signification de l'expression centrale de la « désignation » de l'article premier. A cet égard, la différence terminologique entre les versions française et anglaise du texte de la convention est remarquable: la version anglaise semble plus restrictive puisqu'il s'agit d'une désignation « spécifique » (« *specifically designated by each state* »), ce qui ne fait que rajouter au trouble

---

[41] Article premier : « Aux fins de la présente Convention sont considérés comme biens culturels les biens qui, à titre religieux ou profane, sont désignés par chaque État comme étant d'importance pour l'archéologie, la préhistoire, l'histoire, la littérature, l'art ou la science, et qui appartiennent aux catégories ci-après: a. Collections et spécimens rares de zoologie, de botanique, de minéralogie et d'anatomie; objets présentant un intérêt paléontologique; b. Les biens concernant l'histoire, y compris l'histoire des sciences et des techniques, l'histoire militaire et sociale ainsi que la vie des dirigeants, penseurs, savants et artistes nationaux, et les événements d'importance nationale; c. Le produit des fouilles archéologiques (régulières et clandestines) et des découvertes archéologiques; d. Les éléments provenant du démembrement de monuments artistiques ou historiques et des sites archéologiques; e. Objets d'antiquité ayant plus de cent ans d'âge, tels qu'inscriptions, monnaies et sceaux gravés; f Le matériel ethnologique; g. Les biens d'intérêt artistique tels que: (i) Tableaux, peintures et dessins faits entièrement à la main sur tout support et en toutes' matières (à l'exclusion des dessins industriels et des articles manufacturés à la main); (ii) Productions originales de l'art statuaire et de la sculpture, en toutes matières; (iii) Gravures, estampes et lithographies originales; (iv) Assemblages et montages artistiques originaux, en toutes matières; h. Manuscrits rares et incunables, livres, documents et publications anciens d'intérêt spécial (historique, artistique, scientifique, littéraire, etc.) isolés ou en collections; Timbres-poste, timbres fiscaux et analogues, isolés ou en collections; j. Archives, y compris les archives phonographiques, photographiques et cinématographiques; k. Objets d'ameublement ayant plus de cent ans d'âge et instruments de musique anciens ».

quant à l'interprétation de cette expression, car la version française ne contient pas ce qualificatif. Notons que la République fédérale d'Allemagne considère la désignation comme l'inscription de chaque bien spécifique dans un inventaire national. L'Australie et le Canada considèrent, au contraire, que la désignation signifie l'inscription sur une liste qui ne comprend que des catégories d'objets[42]. En outre, certains Etats n'ont qu'une politique publique culturelle restreinte et ne légifèrent par conséquent que peu ou pas dans ce domaine. Il existe des législations qui ne « désignent » pas de biens comme culturels[43]. Ceci s'est révélé extrêmement négatif pour la cohérence, l'intégrité de la convention et *in fine* l'application de celle-ci. De la même manière, la notion de biens culturels est mixte dans la directive de 1993[44] dans la mesure où chaque Etat est libre de déterminer la notion de « trésor national », mais dans les limites de l'article 36 du Traité et de l'appartenance à une des catégories prévues à l'annexe à la directive ou aux collections publiques.

Forts de la pratique accumulée pendant 25 années, les rédacteurs de la convention d'Unidroit de 1995 se sont efforcés de ne pas commettre les mêmes erreurs. Ainsi, aucune référence aux éventuelles qualifications ou désignations nationales n'est faite dans l'article 2 de la convention définissant les biens culturels[45] : il s'agit donc d'une définition autonome, ce qui constitue un progrès notoire par rapport à la convention de 1970. Il faut toutefois nuancer cette affirmation en précisant que l'application uniforme de la notion de biens culturels ne se fera que dans les limites de l'interprétation d'une convention de droit matériel, en l'absence d'une autorité juridictionnelle centrale[46]. La règle est celle de l'interprétation authentique selon laquelle chaque Etat est susceptible d'interpréter de bonne foi le traité auquel il est lié. De plus, par souci de cohérence et de complémentarité avec la convention de 1970, le contenu de la liste de l'article premier de cette dernière convention est repris dans l'annexe de la convention de 1995. Pour qu'un bien soit considéré comme culturel au sens de la convention, il doit rentrer dans la définition générale et dans l'une des catégories de la liste exhaustive

---

[42] O'Keefe (P.J.), Prott (L.V.), *op. cit.*, p. 730, (cf. note 20).
[43] Prott (L.V.), « UNESCO and UNIDROIT: a Partnership against Trafficking a Cultural Objects », *Uniform Law Review*, 1996/1, p. 62. Cité ci-après comme « a Partnership ».
[44] Article premier de la directive.
[45] Article 2 : « Par biens culturels, au sens de la présente Convention, on entend les biens qui, à titre religieux ou profane, revêtent une importance pour l'archéologie, la préhistoire, l'histoire, la littérature, l'art ou la science et qui appartiennent à l'une des catégories énumérées dans l'annexe à la présente Convention ». Il faut noter que la proposition de laisser à chaque Etat partie le soin de déterminer ses biens culturels auxquels la convention devrait s'appliquer a été avancée. Elle a été cependant refusée car cette désignation « serait au détriment de la mesure d'uniformité que cherchait à établir la convention, et on a également noté qu'il pourrait avoir pour effet d'exclure du régime de protection des biens (...) qui n'auraient pas été désignés par l'Etat » : secrétariat d'Unidroit, « Convention d'Unidroit : rapport explicatif » *op. cit.*, p. 501, (cf. note 34).
[46] Carducci (G.), *op. cit.*, p. 235, (cf. note 31).

placée en annexe. A l'échelle internationale, la définition des biens culturels n'est pas uniforme et dépend beaucoup de l'objectif et du contexte de la convention. Il s'agit de définitions qui ne cherchent pas à appréhender les biens culturels dans l'absolu, mais qui s'inscrivent dans un objectif et dans une époque déterminés. Outre le problème de la définition des biens culturels, la difficulté d'appréhender la matière réside aussi dans le fait que la notion de restitution a connu des variations selon le contexte juridico-politique et historique. Cette évolution s'inscrit néanmoins dans le sens de son perfectionnement.

§ 2 Le perfectionnement progressif du mécanisme de la restitution

Le perfectionnement progressif du mécanisme de restitution se traduit par l'évolution son fondement juridique (A) et par l'affinement des termes utilisés pour le définir (B).

A. L'évolution du fondement juridique de la restitution en droit international : d'une obligation secondaire de réparer à une obligation primaire

La restitution est un concept connu de longue date en droit : on trouve des traces de l'institution de la restitution dans la loi d'Eshuanna du 23ème siècle avant Jésus-Christ ou encore dans le Code d'Hamurabi, mais elle a été réellement conceptualisée pour la première fois dans l'histoire par le droit romain. La *restitutio in integrum* provenant du droit romain désignait dans la plupart des cas le retour d'un objet illégalement pris à son propriétaire[47], c'est-à-dire le rétablissement de la situation antérieure. Elle était donc intimement liée au fait illicite qualifié de vol et aussi à la responsabilité juridique.

Ce concept a aussi sa place en droit international depuis longtemps. Ainsi, Anzilotti, affirmait dans son cours de droit international que le but de la restitution était « le rétablissement de l'état de fait qui existerait si l'acte illicite n'avait pas été commis »[48]. De la même manière, la Cour permanente de justice internationale, dans l'affaire de *l'usine de Chorzów* du 13 septembre 1928, définit la restitution comme le fait de « rétablir l'état qui

---

[47] Kowalski (W.), « Restitution of works of art pursuant to private and public international law », *R.C.A.D.I.*, 2001/288, p.25.
[48] Anzilotti, *Cours de droit international*, Paris, *Recueil Sirey*, 1929/1, p. 526.

aurait vraisemblablement existé si ledit acte n'avait pas été commis »[49]. Appliqué aux biens culturels, le concept de restitution a d'abord pris tout son sens dans le droit des conflits armés : on trouve les prémices de la formulation de l'obligation de restitution des biens culturels pillés dans la convention concernant les lois et coutumes de guerre sur terre, signée à La Haye le 18 octobre 1907, notamment à l'article 56. Les traités de paix suivant le premier conflit mondial contiennent généralement des clauses concernant la restitution (à titre d'exemples, à l'article 238 du traité de Versailles[50], l'article 191 du traité de Saint Germain en Laye[51], ou encore à l'article 11 du traité de Riga[52] de 1921). Dans la mesure où elle met fin à un fait illicite continu, la restitution constitue d'abord une cessation de l'illicite. Parce qu'elle est la conséquence de la responsabilité internationale de l'Etat détenteur du bien culturel, elle est surtout un cas de *restitutio in integrum* : elle rétablit la situation antérieure à l'acte dommageable et il est significatif à cet égard qu'elle s'accompagne parfois de la remise en état de l'objet. Elle n'est d'ailleurs possible que lorsque le fait dommageable est réversible, c'est-à-dire lorsque les biens culturels ont été saisis, non lorsqu'ils ont été détruits[53]. La restitution constitue par conséquent une obligation de réparer supposant la violation d'une obligation primaire, en l'espèce l'interdiction du pillage des biens culturels. Cette obligation secondaire de restitution s'inscrit donc dans le cadre du droit de la responsabilité.

L'obligation de restitution est envisagée de manière autonome à partir du Protocole à la convention pour la protection des biens culturels en cas de conflit armé, signé à La Haye le 14 mai 1954 et sera traitée de cette manière, c'est-à-dire comme une obligation primaire et non plus essentiellement comme la conséquence d'un fait internationalement illicite, jusqu'à la dernière convention internationale relative à la question de la restitution : la convention d'Unidroit de 1995. L'obligation de restitution est devenue autonome et sa portée, par la même occasion, s'est trouvée renforcée: elle existe indépendamment de tout acte internationalement illicite attribué à un Etat. Si le fondement de l'obligation de restitution a connu depuis 1954 une évolution notable dans le sens du renforcement de sa portée, la

---

[49] *Affaire relative à l'usine Chorzów (demande en indemnité) (fond)*, 13 septembre 1928, Publication de la Cour permanente de justice internationale, Recueil des arrêts, Série A, numéro 17, p. 47.
[50] Traité de Versailles entre principales puissances alliées et associées et l'Allemagne, 28 juin 1919.
[51] Traité de St Germain en Laye entre les principales puissances alliées et associées et l'Autriche, 10 septembre 1919.
[52] Traité de Riga entre la Pologne, la Russie et l'Ukraine, 18 mars 1921.
[53] Coulée (F.), « Quelques remarques sur la restitution interétatique des biens culturels sous l'angle du droit international public », *R.G.D.I.P.*, 2000/2, p. 295.

terminologie utilisée pour désigner ce qui est communément exprimé par le terme de restitution, a évolué dans le sens de son affinement.

B. L'affinement des termes utilisés : le rapatriement, le retour et la restitution

En droit international, trois termes sont principalement[54] utilisés par les Etats et les organisations internationales pour désigner le transfert d'un bien culturel vers sa situation originelle : la restitution, le rapatriement et le retour. Le terme de rapatriement (*repatriation* en anglais) est utilisé dans plusieurs contextes. Il se réfère notamment à la restitution d'un bien culturel à un pays ou un groupe ethnique à qui il appartient[55]. Cela concerne notamment la restitution par le gouvernement des Etats Unis de certains objets culturels aux natifs américains. Ce droit au rapatriement est régi par le droit interne de chaque Etat. Cette qualification de rapatriement est aussi utilisée en cas de sécession ou de dissolution d'Etats. Cette terminologie a été adoptée dans le cas du partage des biens issus de la dissolution de l'Empire austro-hongrois dans les traités de Saint Germain (article 193) et du Trianon (article 177)[56]. Il s'agit notamment du rapatriement de tout ce qui a trait à l'histoire de chaque pays, en particulier les archives, le but étant de restaurer l'intégrité du patrimoine culturel de chaque Etat. Plus récemment, lors de l'éclatement du bloc socialiste d'Europe de l'Est au début des années 1990, le terme de rapatriement a été aussi employé[57].

La distinction terminologique entre retour et restitution se déduit de l'analyse de la pratique de l'UNESCO. Elle a été établie lors de la vingtième session de la Conférence générale de l'UNESCO en 1978 et apparaît dans le nom et les statuts du comité intergouvernemental pour la promotion du retour des biens culturels à leur pays d'origine ou la restitution en cas d'appropriation illégale. Cette distinction se fonde sur les circonstances dans lesquelles le bien culturel a quitté son pays d'origine. La notion de restitution s'applique en cas d'appropriation illégale d'après la loi d'origine et compte tenu particulièrement de la Convention de 1970. En revanche, le terme de retour vise en principe des objets qui ont quitté leur pays d'origine avant l'entrée en vigueur des dispositions nationales ou internationales de

---

[54] On en trouve en fait, notamment dans les travaux de comités d'expert d'ICOM établi en 1978, d'autres termes comme « reconstitution du patrimoine dispersé ».
[55] Kowalski, *op. cit.*, p. 75, (cf. note 47).
[56] Traité de Trianon signé le 4 juin 1920 entre les puissances alliées et associées et la Hongrie.
[57] Kowalski, *op. cit.*, p. 92.

protection des biens culturels[58]. Cette dernière situation vise en particulier les biens culturels issus des anciennes colonies.

La distinction terminologique marque ainsi une différence en terme de degrés d'illicéité de la situation. L'appropriation illégale suppose la commission d'un fait illicite. Or, s'il ne fait aucun doute que le vol est un fait considéré comme illicite dans tous les systèmes juridiques, force est de constater qu'en l'état du droit positif actuel, rien ne permet de qualifier d'illicite les transferts de biens culturels du seul fait d'une domination coloniale, bien que cette question soit discutée dans la doctrine. En effet, Ridha Fraoua affirme qu'« à notre avis, le déplacement de biens culturels d'un pays colonisé ou occupé devrait être considéré comme un fait internationalement illicite »[59].

C'est cette différence de gradation dans l'illicéité entre le retour et la restitution qui fonde aussi le maintien de la distinction terminologique dans la convention d'Unidroit qui vise pourtant des situations éloignée du contexte post-colonial. Les rédacteurs de la convention ont voulu marquer la faiblesse de la prétention du requérant se fondant sur la seule exportation illicite, qui est exprimée par le terme de « retour », en opposition à la prétention du requérant se fondant sur le vol, qui est exprimée par le terme de « restitution ». La simple exportation illicite n'est pas en principe jugée comme un fondement suffisant pour la restitution de l'objet contrairement au vol (voir *infra* p. 46). C'est pour marquer un régime juridique distinct que ce dualisme terminologique a été nécessaire. Cependant, on ne manquera pas de noter que cette solution n'avait pas été retenue dans le projet de 1993 adopté par le comité d'experts gouvernementaux à sa quatrième session : celui-ci s'intitulait en effet « projet de convention d'Unidroit sur le retour international des biens culturels volés ou illicitement exportés »[60].

A l'inverse, lorsque le régime juridique est unitaire, le seul terme de « restitution » est utilisé. Ainsi, la directive 93/7/CEE du Conseil de l'Union européenne relative à la restitution

---

[58] Guide pour l'utilisation du « formulaire type pour les demandes de retour ou de restitution », Comité intergouvernemental pour la promotion du retour de biens culturels à leur pays d'origine ou la restitution en cas d'appropriation illégale, 1986, (CC-86/WS/3), p. 13.

[59] Fraoua (R.), *Le trafic illicite des biens culturels et leur restitution*, Fribourg, Editions universitaires Fribourg Suisse, 1985, p. 170.

[60] Projet de convention d'Unidroit sur le retour international des biens culturels voles ou illicitement exportés, *Revue de droit uniforme / Uniform law review*, 1993/1, pp. 104 -194.

de biens culturels ayant quitté illégalement le territoire d'un État membre de 1993 n'utilise que la terminologie de « restitution », puisqu'il n'existe qu'un seul régime juridique pour la restitution des biens culturels au sein de l'Union européenne. Il suffit uniquement qu'ils aient « quitté illégalement le territoire d'un Etat membre » pour fonder une action en restitution.

La distinction terminologique utilisée dans la pratique de l'UNESCO et surtout dans la convention de 1995 a pour but de marquer une différence de régimes applicables : l'obligation de restitution des biens culturels en cas de trafic illicite connaît en effet un fondement dichotomique.

CHAPITRE 2 : LE FONDEMENT DICHOTOMIQUE DE L'OBLIGATION CONVENTIONNELLE DE RESTITUTION DES BIENS CULTURELS EN CAS DE TRAFIC ILLICITE.

Que ce soit dans la convention de l'UNESCO de 1970 et d'une manière plus marquée dans la convention d'Unidroit de 1995, l'obligation de restitution connaît deux régimes distincts fondés sur deux types de faits générateurs : le vol et l'exportation illicite. Ce choix délibéré de la part des rédacteurs de la convention d'Unidroit peut être discuté puisqu'il tend à affaiblir l'économie générale de la convention et introduit une complexité inutile dans la mesure où on aurait pu considérer comme illégalement exportés tous les biens volés ou exportés en violation d'une législation interne d'interdiction d'exportation ou d'inaliénabilité, et par conséquent établir un régime unique de restitution des biens culturels. Le choix d'un régime unique aurait eu de surcroît l'avantage de correspondre à une réalité pratique puisqu'une majorité de biens volés sont exportés par la suite. Le choix d'un régime double relève plus de considérations politiques que d'un souci d'efficacité juridique, car le risque d'un rejet massif d'un système monolithique par les Etats importateurs est avéré. Cette solution juridiquement satisfaisante n'aurait pas été un gage de réussite en terme de ratifications et donc d'effectivité de la convention. Cependant, la convention de 1995, si elle a un double objet, constitue néanmoins un bloc unique, dès lors que la solution de l' *opting out* a été rejetée au cours de la conférence diplomatique[61] : les effets pervers de la division des régimes applicables dans le cadre la convention de 1995 sont ainsi atténués.

Nous analyserons en conséquence dans un premier temps le régime juridique de la restitution en cas de vol (section 1) puis en cas d'exportation illicite (section 2).

Section 1 : La restitution des biens culturels volés

Le problème essentiel auquel il faut faire face en matière de vol est celui du conflit d'intérêts entre une personne (habituellement le propriétaire) qui a été dépossédée de son bien et l'acquéreur de bonne foi de ce bien. Or, les règles en matière de bonne foi acquisitive sont marquées par une grande diversité dans les différents systèmes juridiques internes. Dans les

---

[61] Lalive d'Epinay (P.), *op. cit.*, p. 49, (cf. note 7).

pays de tradition de *common law*, le principe exprimé par la maxime latine *nemo dat quod no habet* domine : le titre de propriété ne peut ainsi être valablement acquis que si le cédant détient lui-même un titre valable. L'acquéreur de bonne foi est d'une manière générale mieux protégé dans les pays de tradition romano-germanique, ce qui a certes pour effet d'accroître la sécurité juridique dans le commerce des biens culturels, mais a tendance aussi à favoriser le trafic illicite de ces biens. Il est évident que la présomption de bonne foi dont bénéficie l'acquéreur encourage les acheteurs à ne pas s'enquérir de l'origine du bien et leur évite d'obtenir des informations révélant que les biens en question sont volés ou issus de fouilles illicites. Cette attitude de « bienheureuse ignorance » ou d' « inadvertance intentionnelle »[62] a permis aux trafiquants de vendre des biens illégalement commercialisés.

A l'échelon international, la seule façon de lutter efficacement contre le trafic et le vol des biens culturels a été d'exclure le principe de la bonne foi acquisitive qui a pour conséquence de faciliter la revente d'objets frauduleusement acquis. Dans la convention de l'UNESCO de 1970 ou d'Unidroit de 1995, le principe de restitution des biens culturels volés, quelque soit la bonne foi éventuelle de l'acquéreur, a été clairement affirmé (§1). De plus, une lutte efficace contre le trafic et le vol des biens culturels suppose aussi une définition précise du champ d'application matériel : il s'agit de déterminer et de qualifier le vol ainsi que les biens susceptibles d'être restitués. A cet égard, des efforts pour prendre en compte la diversité des objets concernés par le trafic ont été réalisés lors de l'adoption de la convention de 1995 : il ressort de la comparaison entre les conventions de 1970 et 1995 que le champ d'application matériel s'est largement étendu avec cette dernière convention, mais demeure lacunaire (§ 2).

§ 1 Le principe : le rejet de la bonne foi acquisitive

Si le principe de l'obligation de restitution, qui se traduit corollairement par le rejet de la bonne foi acquisitive, est adopté dans tous les instruments relatifs à la restitution des biens culturels, les modalités d'application sont différentes selon les instruments : il peut être prévu un renvoi au droit interne (A), ou au contraire d'affranchir l'obligation de restitution de tout renvoi afin de lui accorder un degré d'autonomie bien supérieur (B).

---

[62] Prott (L.V.), « Le projet de convention d'Unidroit dirige l'attention sur les acheteurs », *Museum*, 1991/172, p. 222.

A. Une solution peu novatrice : le renvoi au droit interne

La convention de l'UNESCO de 1970 marque une avancée en droit international puisque, pour la première fois dans un traité international et en dehors du contexte de conflit armé, est prévue une obligation de restitution des biens culturels volés. Cette obligation contenue dans l'article 7 b) (ii) a suscité l'intérêt de toutes les délégations lors de la conférence diplomatique car pas moins de 15 projets d'amendements visant soit à préciser ou à atténuer le principe de la restitution ont été proposés[63]. Ainsi, l'article 7 (b) (ii) oblige les Etats membres « à prendre des mesures appropriées pour saisir et restituer à la requête de l'État d'origine partie à la Convention tout bien culturel ainsi volé et importé après l'entrée en vigueur de la présente Convention à l'égard des deux États concernés, à condition que l'État requérant verse une indemnité équitable à la personne qui est acquéreur de bonne foi ou qui détient légalement la propriété de ce bien ». La convention ne donnant aucune indication quant à la signification « des mesures appropriées », elles demeurent du ressort des législations internes des Etats parties. Cette liberté conférée aux Etats dans le choix des mesures appropriées est toutefois limitée du fait du rejet de la bonne foi acquisitive, ce qui représente pour l'époque une évolution notable pour les pays de tradition romano-germanique. La convention de San Salvador de 1976[64] s'en remet elle aussi au droit interne pour rendre effective l'obligation de restitution. L'article 10 dispose en effet que « *each State Party to this Convention undertakes to take whatever measures it may consider effective to prevent and curb the unlawful exportation, importation, and removal of cultural property, as well as those necessary for the return of such property to the state to which it belongs in the event of its removal* ».

La pratique des Etats témoigne d'un large panel de mesures. A titre d'exemples, les Etats-Unis ont adopté le *Convention on cultural property Implementation Act* dont la section 308 prévoit que l'importation aux Etats-Unis de biens culturels volés dans un musée, un monument public, religieux ou civil, ou une institution similaire d'un Etat partie est interdite, à condition, toutefois, qu'il soit prouvé que les biens en question fassent partie de l'inventaire de l'institution concernée. Les biens sont alors saisis par les autorités compétentes puis

---

[63] Fraoua (R.), *op. cit.*, p. 39, (cf. note 23).
[64] Convention sur la défense du patrimoine archéologique, historique et artistique des nations américaines, San Salvador, 16 juin 1976.

confisqués et finalement restitués à l'Etat partie sur le territoire duquel est située l'institution concernée[65]. Le Canada a adopté une mesure différente de celle adoptée par les Etats-Unis en déclarant illicite l'importation sur son territoire de tout bien culturel exporté illégalement d'un autre Etat lié avec le Canada par un accord bilatéral ou multilatéral visant à prévenir le commerce international illicite des biens culturels. Sur requête d'un Etat contractant, le procureur général du Canada peut intenter une action devant la cour fédérale ou une Cour supérieure provinciale en vue d'obtenir la restitution à cet Etat d'un bien importé illicitement. Après avoir constaté l'importation illicite, la Cour saisie rend une ordonnance garantissant la restitution dudit bien[66]. Une si grande diversité de mesures ne peut que nuire à l'intégrité et *in fine* à l'efficacité de l'obligation de restitution au niveau international. De plus, la solution de l'article 7 de la convention de 1970 et de l'article 10 de la convention de 1976 apparaît bien peu novatrice dans son principe par rapport au droit commun des Etats, qui admet facilement une restitution pour vol, fondée sur la reconnaissance de la prétention de droit privé du propriétaire dépossédé[67]. Étonnamment, l'obligation de restitution des biens culturels volés est appréhendée également dans un autre article de la convention de 1970, ce qui tend à créer une confusion quant à la détermination du régime juridique applicable. L'article 13 c) prévoit en effet l'engagement des Etats parties « à admettre une action de revendication de biens culturels perdus ou volés exercée par le propriétaire légitime ou en son nom ». Si aucune condition n'est exigée pour déclencher l'application de cet article, sa portée juridique n'en est pas moins considérablement affaiblie car les Etats parties ont l'entière liberté de choisir les mesures d'exécution qu'ils jugent appropriées «dans le cadre de la législation de chaque Etat »[68].

B. Une solution efficace : l'autonomie de l'obligation de restitution

Le constat selon lequel la convention de l'UNESCO n'a pas permis de lutter contre le vol et le trafic de biens culturels a été admis au sein même de l'organisation, qui a mandaté Unidroit pour améliorer les principes établis en 1970. La signature de cet instrument international a néanmoins marqué la prise de conscience collective des dangers d'un trafic illicite dont les proportions sont toujours plus importantes et les conséquences désastreuses.

---

[65] Fraoua (R.), *op. cit.*, p. 120, (cf. note 23).
[66] *Ibid.*
[67] Carducci (G.), *op. cit.*, p. 244, (cf. note 31).
[68] Article 13 de la Convention de 1970.

Mais les difficultés liées à l'application de l'article 7 b) (ii) de la convention de 1970 étaient telles que le comité d'études d'Unidroit a décidé, non pas d'établir une disposition améliorée se basant sur la formule de l'article 7, mais d'élaborer une disposition totalement nouvelle[69]. Les rédacteurs de la convention d'Unidroit ont opté pour une formule claire et limpide dans sa signification, qui marque une véritable avancée par rapport à l'obligation de restitution prévue en 1970. L'article 3 § 1 dispose que « le possesseur d'un bien culturel volé doit le restituer ». Aucune condition n'est posée quant à la nature de la propriété ou la bonne foi éventuelle de l'acquéreur. Ainsi, comme en 1970, la balance a penché en faveur des intérêts de la personne dépossédée face à ceux de l'acquéreur de bonne foi car il s'agissait de la seule solution réaliste et dissuasive dans la lutte contre le trafic illicite des biens culturels[70].

De plus, et c'est là la véritable avancée par rapport à la convention de 1970, aucune référence n'est faite aux mesures nationales et à la liberté des Etats quant aux modalités d'application de l'obligation. Le principe de restitution automatique des biens culturels volés s'affranchit de tout renvoi au droit interne et de ce fait, accède à un degré d'autonomie bien supérieur. On trouve seulement deux conditions limitatives, concernant la localisation de l'objet volé à l'article 10 : « les dispositions du Chapitre II s'appliquent à un bien culturel qui a été volé après l'entrée en vigueur de la présente Convention à l'égard de l'Etat où la demande est introduite, sous réserve que: a) le bien ait été volé sur le territoire d'un Etat contractant après l'entrée en vigueur de la présente Convention à l'égard de cet Etat; ou b) le bien se trouve dans un Etat contractant après l'entrée en vigueur de la présente Convention à l'égard de cet Etat ». Si le principe général de restitution est clairement affirmé et jouit d'une autonomie certaine, il n'en demeure pas moins que certaines expressions utilisées sont susceptibles de poser des difficultés. En effet, le terme de « possesseur » a été préféré lors de la conférence diplomatique à celui de « détenteur » car ce dernier semblait trop restrictif[71]. La notion de possession n'est pas uniforme dans les différents systèmes juridiques nationaux et le fait de ne pas la définir dans la convention est une source éventuelle de difficultés dans l'application de celle-ci. On ne peut guère reprocher aux rédacteurs cette omission car l'entreprise d'unification d'une telle notion n'était pas l'objet de la convention et c'eût été un défi difficilement relevable dans une conférence diplomatique où les tensions étaient déjà

---

[69] Secrétariat d'Unidroit, « Commentaire du projet de 1993 », *op. cit.*, p. 126, (cf. note 6).
[70] Secrétariat d'Unidroit, « Commentaire du projet de 1993 », *op. cit.*, p. 144.
[71] Secrétariat d'Unidroit, « Convention d'Unidroit : rapport explicatif », *op. cit.*, p. 503, (cf. note 34).

vives. Malgré ces quelques imperfections, la convention de 1995 représente un réel progrès qualitatif en matière de restitution des biens culturels volés.

§ 2 Les imperfections du champ d'application *ratione materiae* de la restitution pour vol

L'obligation de restitution consolidée, reste à déterminer si les biens volés sont définis de manière satisfaisante. Malgré l'extension des biens culturels visés aux biens non inventoriés (B), le champ d'application *ratione materiae* demeure imparfaitement défini : le vol, notion centrale du régime de la restitution n'est pas défini en tant que tel dans les instruments internationaux pertinents (A).

A. Le vol : l'absence de définition autonome au niveau international

Aucune référence n'est faite à une quelconque définition du vol ni à celle de la propriété qui est un préalable à la notion même de vol dans les différentes conventions traitant de la restitution des biens culturels. Ainsi, ces conventions ne prévoient aucune condition particulière en dehors de la preuve de l'existence du vol. Dans la convention de l'UNESCO, il est seulement précisé que la qualification pour vol, dans le cadre de la restitution prévue à l'article 7, est faite par l'Etat membre requérant où le vol a eu lieu[72]. Il convient toutefois de relever que des propositions ont été faites lors de travaux préparatoires de la convention de 1995 afin d'introduire la définition du vol dans le chapitre I, ce qui aurait permis d'assurer à la convention un niveau plus élevé d'uniformité. Il avait été envisagé d'assimiler au vol les actes de « détournement, escroquerie, d'appropriation dolosive d'un objet perdu ou tout autre acte répréhensible considéré comme équivalent »[73]. Il a été cependant décidé de ne pas y faire référence car la tâche des négociateurs aurait été manifestement difficile et l'expérience des conventions de droit uniforme, surtout depuis ces dernières années, indiquait que les tribunaux nationaux cherchaient à harmoniser leur interprétation des notions fondamentales selon la finalité du traité[74]. Si les conventions n'ont pas prévu de définition autonome du vol, il en ressort néanmoins l'intention d'établir une notion du vol la plus large possible. En effet, il n'est pas prévu d'accompagner la demande en restitution de toute information en fait ou en

---

[72] Fraoua (R.), *op. cit.*, p. 74, (cf. note 23) .
[73] Secrétariat d'Unidroit, « Convention d'Unidroit : rapport explicatif », *op. cit.*, p. 501, (cf. note 34).
[74] *Ibid.*

droit alors qu'elle est prévue pour les demandes en restitution en cas d'exportation illicite. Il reviendra donc au juge ou à l'autorité compétente en matière de restitution d'apprécier l'existence du vol.

Un aspect problématique de la détermination du champ d'application de la restitution pour les biens culturels volés vient de la détermination *ratione loci* des demandes. Si dans la convention de 1970 la seule limitation provient du fait que les demandes doivent se faire entre les Etats parties, la convention de 1995 limite son application aux demandes à caractère international[75], excluant par conséquent du champ d'application de la convention toutes les situations strictement internes. Cependant, il apparaît que le caractère international de la demande revient à qualifier d'international le vol. Le caractère international se déduit plus des mouvements transfrontaliers subis par le bien, que des caractéristiques intrinsèques de la demande en restitution. Dans le silence du texte, les éléments susceptibles de caractériser l'internationalité de la demande sont nombreux : on peut notamment penser au lieu du vol, de situation, d'acquisition ou encore de revendication du bien. Tous ces éléments reviennent autant à qualifier d'international le vol que la demande en restitution du bien volé en elle-même. Le caractère international d'une demande en restitution se déduit naturellement de l'exportation du bien, le franchissement de la frontière étant un élément de la définition de l'exportation. Mais il n'en est pas de même pour le vol. En effet, le vol peut être suivi d'une exportation, temporaire ou définitive. De plus, l'objet peut, au gré des différentes transactions, être de nouveau localisé dans son pays d'origine. L'affaire *Winkworth v. Christie, Manson & Woods Ltd.* illustre cette hypothèse puisqu'en l'espèce des estampes japonaises avaient été volées en Angleterre, exportées et vendues en Italie, pour être mises aux enchères par l'acheteur italien auprès de la maison *Chritie's* à Londres[76]. L'intention des rédacteurs de la convention étant de couvrir le type de situation révélé par l'affaire *Winkworth v. Christie, Manson & Woods Ltd.*[77], il semble peu probable que les juges prennent en compte, pour caractériser l'internationalité, des éléments tels que le lieu du vol couplé avec le lieu de la revendication, puisque ces deux éléments coïncidant dans certains cas, le caractère international du vol serait exclu. On ne peut que regretter l'absence d'une définition ou d'un complément à la formule lapidaire de « demande à caractère international » dans la

---

[75] Article 1 a) de la Convention d'Unidroit de 1995.
[76] *Winkworth v. Christie, Manson & Woods Ltd and another, (Chancery Division),* High Court, 5 novembre 1979, *The law Reports, Part* 9-11, november 1980, p. 496.
[77] Secrétariat d'Unidroit, « Convention d'Unidroit : rapport explicatif », *op. cit.*, p. 495, (cf. note 34).

convention de 1995. Il aurait été souhaitable de conserver la proposition faite lors des travaux préparatoires qui se focalisait sur le caractère international du vol et non pas de la demande, comme condition de l'application de la convention. La convention était applicable en cas de demande de restitution de biens qui « ont été déplacés à travers une frontière internationale »[78]. Cette formule qui semble de prime abord consensuelle avait le mérite de la simplicité mais aussi de l'exhaustivité car elle couvrait aussi le type de situation où le bien, exporté une première fois, se situe dans l'Etat sur le territoire duquel il a été volé ou illicitement exporté.

B. Les biens visés : l'extension du champ d'application aux biens non inventoriés opérée par la convention d'Unidroit

Le champ d'application du régime applicable aux biens culturels volés de la convention de 1970 est soumis à trois conditions : il doit être volé, il doit provenir d'un musée ou un monument public civil ou religieux, ou une institution similaire, situés sur le territoire d'un autre État partie à la convention et être de surcroît inventorié.[79]. Ceci exclut donc les biens en provenance de collections privées ou publiques qui ne sont pas inventoriées et les biens issus de fouilles illicites. Or, certains Etats n'ont pas d'inventaires bien qu'ils possèdent des collections d'œuvres d'art ou alors, quand ils en ont établi, ces inventaires se révèlent loin d'être exhaustifs[80]. Cette provision apparaît comme une lacune évidente par rapport à l'objectif de lutte contre le trafic illicite des biens culturels dans la mesure où un nombre important de biens n'est pas couvert par le mécanisme de restitution prévu à l'article 7. Ceci étant, il est important de noter que si le champ d'application *ratione materiae* du système de restitution prévu est très restrictif, celui-ci ne pose toutefois aucune condition quant à la nature de la propriété de façon à appréhender les objets volés de propriété à la fois publique et privée. La convention de 1995 marque dans ce domaine une avancée significative puisque toutes les restrictions posées au champ d'application de la restitution des biens volés par la convention de 1970 ne sont plus incorporées dans le texte de la convention d'Unidroit. Ainsi, aucune condition n'est posée quant à l'appartenance à l'inventaire d'une institution. Les biens culturels appartenant aux personnes privées comme aux établissements publics sont visés.

---

[78] *Ibid.*
[79] Article 7 (b) (i).
[80] Askerud (P.), Clement (E.), *La Lutte contre le trafic illicite des biens culturels: guide pour la mise en oeuvre de la Convention de l'UNESCO de 1970*, Paris, UNESCO, 2000, (CLT.2000/WS/6), p. 37.

L'éventail des biens culturels volés est appréhendé de manière bien plus large dans la convention de 1995 que dans celle de 1970, ce qui est un gage d'efficacité dans la lutte contre le trafic illicite. La deuxième conséquence de cette extension du champ d'application est la prise en compte des objets issus des fouilles illicites par la convention de 1995.

En limitant le champ d'application des biens culturels volés susceptibles de restitution aux biens culturels appartenant à l'inventaire d'un musée ou d'une institution similaire, la convention de 1970 ne couvre pas les biens issus des fouilles clandestines, qui par définition, ne peuvent être inventoriées[81]. Le phénomène des fouilles sauvages était pourtant alarmant à l'époque et les mesures de droit international semblaient véritablement dérisoires jusqu'à la signature de la convention d'Unidroit. La gravité du problème du pillage des sites archéologiques a été toutefois admise par la communauté internationale depuis un demi-siècle, comme en témoigne l'adoption dès 1956 par la conférence générale de l'UNESCO de la recommandation définissant les principes internationaux à appliquer en matière de fouilles archéologiques. Mais si le phénomène est actuellement plus que préoccupant, c'est en raison de l'ampleur qu'il a pris au cours des dernières décennies. Nombreux sont les cas de pillages archéologiques recensés aussi bien dans les pays du Sud que dans les pays du Nord. En Afrique de l'Ouest, les fouilles clandestines effectuées sur le site de Thial au Mali sont un exemple édifiant. En Europe, l'Italie, dont le sous-sol recèle d'importants gisements archéologiques, est l'un des pays les plus frappés par les fouilles clandestines : des centaines de tombes de la civilisation étrusque sont investies chaque année par les pilleurs qui utilisent des barres de fer pour sonder le sol[82]. Lors de l'adoption de la convention d'Unidroit, la volonté d'adopter une notion large du vol a amené les rédacteurs à incorporer dans celle-ci les biens culturels « issus de fouilles illicites ou licitement issus de fouilles mais illicitement retenus si cela est compatible avec le droit de l'Etat où lesdites fouilles ont eu lieu»[83]. Ainsi, la convention fait dépendre cette protection uniquement de sa compatibilité avec la législation de l'Etat sur le territoire duquel les fouilles ont eu lieu et ne la soumet pas à une quelconque

---

[81] La convention de 1970 appréhende le problème des fouilles illicites à travers l'article 9 qui prévoit seulement la possibilité pour les Etats dont le patrimoine est menacé de « faire appel » aux Etats concernés. Les mesures destinées à lutter contre le pillage archéologique au sein de la convention de 1970 sont donc bien faibles puisqu'elles ne se concrétisent qu'après négociation entre les Etats parties. Ce cadre juridique ne permet pas de répondre efficacement au défi de la lutte contre le pillage archéologique bien qu'il permette l'adoption de traités bilatéraux prévoyant la restitution des biens issus des fouilles illicites. C'est à ce titre notamment que les Etats-Unis ont signé un accord avec le Pérou relatif au recouvrement et à la restitution des biens archéologiques, historiques et culturels volés le 15 septembre 1981.
[82] Brent (M.), « Le pillage des sites archéologiques », *Revue Internationale de Police criminelle*, 1994/448, p.33.
[83] Article 3 § 2 de la convention d'Unidroit de 1995.

preuve sur l'origine nationale du bien. Or, la plupart des droits nationaux des Etats qui souffrent du fléau du pillage attribue *a priori* à l'Etat la propriété du produit des fouilles. La convention franchit le pas en incorporant avec les biens culturels connus, des objets issus de fouilles clandestines dont l'Etat ne connaît pas préalablement l'existence et conforte ainsi les loi dites *omnibus*[84], qui affirment la propriété de l'Etat sur l'ensemble d'une catégorie de biens culturels sur tout le territoire national. Par contre, la convention ne donne aucune indication sur un point néanmoins primordial en matière de biens issus de fouilles archéologiques : celui de la preuve de l'origine géographique du bien issu de la fouille. Par définition, le produit d'une fouille illicite n'est pas connu par l'Etat victime et il sera difficile de prouver l'origine nationale du bien revendiqué en sachant qu'une même culture peut s'être étendue géographiquement sur le territoire de plusieurs Etats qui, de surcroît, ont souvent été constitués ultérieurement. L'exemple des civilisations andines illustre bien cette hypothèse. On ne peut dès lors que regretter le silence de la convention, reflétant par ailleurs la difficulté du traitement de cette question. Il appartiendra donc au demandeur de prouver par tous les moyens possibles la provenance effective du bien dont il demande la restitution[85].

Section 2 : La restitution ou le retour des biens culturels illicitement exportés

Si le vol est un phénomène universellement sanctionné sur le plan juridique, les restrictions prévues en droit interne à l'exportation de certains biens sont accueillies de manière variable à l'étranger. La question de la restitution des biens culturels illicitement exportés est donc beaucoup plus polémique que celle concernant les biens culturels volés (§1). L'unanimité qui règne sur la sanction du vol est loin de se représenter en matière de violations de lois d'interdiction d'exportation. L'intérêt de cette question semble néanmoins partagé, quoique à des degrés ou des titres divers par les Etats : les pays victimes du trafic illicite sont pour beaucoup des pays en développement d'Amérique latine, d'Afrique, d'Océanie et d'Asie, qui bénéficient de richesses culturelles particulières et très recherchées, mais manquent de moyens pour faire respecter les restrictions à l'exportation. Ce souci est par ailleurs partagé par un grand nombre d'Etats d'Europe occidentale, qui après avoir été longtemps importateurs de biens culturels, sont désireux de protéger leur patrimoine culturel

---

[84] Cette expression est utilisée par de nombreux auteurs : à titre d'exemples : Merryman (J.H.), Nafziger (J.A.R.), *The private international law of cultural property in the United States*, U.S. National Report to the XIVth Congress of comparative law, 1994, p. 232 ou encore Carducci (G.), *op. cit.*, p. 251, (cf. note 31).
[85] Secrétariat d'Unidroit, « Convention d'Unidroit : rapport explicatif », *op. cit.*, p. 507 (cf. note 34).

en tout ou partie constitué[86], mais ne l'est pas par les Etats et leurs ressortissants soucieux d'élargir l'envergure de leurs collections. Il n'est dès lors pas surprenant de trouver des conditions plus restrictives pour l'application du régime juridique des biens illicitement exportés que celles du régime juridique applicable aux biens culturels volés (§2). Afin de marquer cette différence de situation, il a été décidé, lors de la conférence diplomatique pour l'adoption de la convention d'Unidroit, de désigner par « restitution » la situation concernant les biens culturels volés, et par « retour » celle concernant les biens culturels illicitement exportés. Dans le cadre de cette section nous utiliserons, par conséquent, les deux expressions de « retour » et « restitution » des biens culturels, bien que la convention de l'UNESCO de 1970 et la directive du Conseil de l'Union Européenne du 15 mars 1993 n'utilisent le seul terme de « restitution ».

§ 1 Le caractère controversé de l'exportation illicite comme fondement à la restitution et le retour des biens culturels

Le caractère controversé de l'exportation illicite comme fondement à la restitution des biens culturels se manifeste par deux problèmes de nature différente : celui de l'application du droit public étranger (A) et celui de la reconnaissance au niveau international des biens culturels comme *res extra commercium* (B).

A. Le problème de l'application du droit public étranger

En matière de droit privé, les systèmes juridiques sont perméables et le jeu des règles de conflit du for, tel qu'il est établi en droit international privé, vise à l'application des dispositions étrangères de droit privé. Lorsque le rattachement d'un individu, d'une activité, ou d'un contrat à son territoire est relativement ténu, faire obstacle à l'application du droit étranger constituerait une atteinte abusive à la compétence personnelle des autres Etats[87]. Il est donc fréquent que les tribunaux d'un Etat acceptent de faire application de la loi privée étrangère.

Au contraire, rien n'oblige les Etats et leurs juges à prendre en compte les règles de droit public d'un Etat étranger. Les Etats sont libres d'exercer leur souveraineté en organisant

---

[86] Secrétariat d'Unidroit, « Commentaire du projet de 1993, *op. cit.*, p. 130, (cf. note 6).
[87] Daillet (P.), Pellet (A.), *Droit International Public*, Paris, L.G.D.J., 2002, p. 509.

le contrôle du commerce international sur leur territoire. Ce principe de libre exercice par l'Etat de sa juridiction sur son territoire est un principe qui a été affirmé dès 1927 par la Cour Permanente de Justice Internationale dans l'affaire du *Lotus*[88]. Or, dans le domaine de la protection nationale des biens culturels, le système de contrôle des exportations des biens culturels, a connu un véritable essor face au phénomène grandissant du pillage et du trafic depuis la deuxième moitié du XXème siècle. Ce type de législation est présent dans quasiment tous les systèmes juridiques. Il prend généralement deux formes : l'autorisation préalable et l'interdiction totale de sortie du territoire. Une analyse comparative des différents systèmes législatifs en vigueur permet tout d'abord de remarquer que les systèmes de protection du patrimoine culturel se basent principalement sur deux méthodes : le classement, en vigueur dans des pays comme l'Autriche, l'Espagne, la France, la Grèce, l'Italie, et le Portugal, et le contrôle à l'exportation, en vigueur plus particulièrement dans des pays comme le Danemark, la Finlande, l'Irlande, le Royaume-Uni et la Suède[89].

La seule limite à cette liberté des Etats se trouve dans la conclusion d'accords internationaux, comme en témoigne le développement du droit de l'organisation mondiale du commerce. Mais comme l'affirme la cour d'appel de Paris, dont la position a été confirmée par la cour de cassation, « à défaut d'une convention internationale définissant les limites d'une coopération internationale réciproque ou d'un objectif de solidarité évident, les tribunaux français ne sont pas compétents pour appliquer des règles de droit public d'un Etat étranger et participer ainsi à l'activité de celui-ci »[90]. Les pays anglo-saxons connaissent le système équivalent quant à ses effets de *l'Act of State*, selon lequel les tribunaux ne peuvent connaître de la validité des actes d'un autre gouvernement et leur donner effet sur le territoire de leur compétence. En conséquence, cette théorie interdit au juge de se prononcer sur la légalité d'actes d'un gouvernement étranger. Les mesures de lutte contre l'exportation illicite de biens culturels prévues par les législations nationales sont par conséquent inopérantes du fait de leur limitation territoriale empêchant généralement toute possibilité de retour d'un bien illicitement exporté. Ceci est confirmé par la jurisprudence en matière de restitution de biens

---

[88] Affaire *du Lotus*, Cour permanente de justice internationale, 7 septembre 1927, *Recueil*, Série A, n°10, p. 19.
[89] O'Keefe (P.J), Prott (L.V.), *Manuel de réglementations nationales relatives à l'exportation des biens culturels*, Paris, UNESCO, 1988, p. V.
[90] Affaire *République du Guatemala*, Cour d'Appel de Paris, 20 janvier 1988, *Gazette du Palais*, 1988/1, p. 199.

culturels, notamment dans l'affaire *Attorney-General for New Zealand v. Ortiz*[91], dans laquelle une revendication de la Nouvelle-Zélande portant sur des panneaux sculptés Taranaki de la civilisation Maori et basée sur sa loi selon laquelle tout objet classé comme faisant partie du patrimoine national devient propriété de l'Etat par le fait d'une exportation non autorisée, s'est heurtée à la règle de l'inexécution des lois répressives d'un autre Etat par les tribunaux du for.

Le droit international en matière de restitution en cas de trafic illicite constitue une véritable innovation sur le droit commun car il prévoit l'application des normes de droit public prohibant l'exportation de certains biens culturels. Au niveau universel, l'article 13 d) de la convention de 1970 prescrit aux Etats parties de « reconnaître, en outre, le droit imprescriptible de chaque État partie à la présente Convention, de classer et déclarer inaliénables certains biens culturels qui, de ce fait, ne doivent pas être exportés, et à faciliter la récupération par l'État intéressé de tels biens au cas où ils auraient été exportés ». La reconnaissance du droit public étranger (qui est exprimée dans l'expression « classer et déclarer inaliénable ») est ainsi clairement affirmée. Le principe de l'application du droit public étranger, du moins des normes d'interdiction d'exportation, a été aussi entériné par la convention d'Unidroit de 1995. Son article 5 § 1 dispose en effet qu'« un Etat contractant peut demander au tribunal ou à toute autre autorité compétente d'un autre Etat contractant d'ordonner le retour d'un bien culturel illicitement exporté du territoire de l'Etat requérant »

De plus, d'autres institutions se sont prononcées pour l'application du droit public étranger. C'est le cas de l'Institut de droit international qui a condamné le principe de l'inapplicabilité du droit public étranger, dans sa résolution sur l'application du droit public étranger adoptée lors de la session de Wiesbaden de 1975[92], en déclarant qu'il était dépourvu de « raison théorique ou pratique valable » et qu'il était « susceptible d'entraîner des résultats peu souhaitables et peu conformes aux exigences actuelles de la collaboration internationale ».

Au niveau régional, ce principe d'application du droit public étranger a été conforté par le règlement concernant l'exportation des biens culturels du 9 décembre 1992 et la

---

[91] *Attorney General of New Zealand v. Ortiz and others*, Court of appeals, 1er avril 1982, *All England Law Reports*, 1982, p. 432.
[92] Résolution sur l'application du droit public étranger, Session de Wiesbaden 1975, *Annuaire de l'Institut de droit international*, p. 550.

directive du conseil de l'Union européenne relative à la restitution de biens culturels ayant quitté illicitement le territoire d'un Etat membre du 15 mars 1993. Ainsi, d'après son article premier à l'alinéa 2, est considérée comme illicite « toute sortie d'un territoire d'un Etat membre en violation de la législation de cet Etat membre en matière de protection des trésors nationaux ou en violation du règlement CEE 3911/92 ».

Le principe de l'inapplicabilité du droit public étranger a donc été considérablement affaibli au niveau international dans le domaine de la restitution des biens culturels illicitement exportés. Cependant, la communauté internationale a été confrontée à une autre série d'obstacles pour parvenir à fonder la restitution des biens culturels sur l'exportation illicite car une telle norme suppose que l'on considère les biens culturels comme des objets spécifiques, insoumis aux lois du marché.

B. Le problème de la reconnaissance du bien culturel comme *res extra commercium*

Si des expressions utilisées à l'article 13 d) de la convention de 1970 telles que « classer et déclarer inaliénables » sont facilement intelligibles pour les juristes de tradition de droit civil et plus généralement dans les pays qui connaissent la propriété étatique des biens culturels, cela est relativement moins vrai pour ceux de *common law*[93] : en effet, certains Etats comme les Etats-Unis, ne sont propriétaires que rarement de biens culturels. Les Etats qui prônent une conception libérale de la circulation des échanges ont tendance à rejeter les obstacles juridiques à l'acquisition des biens culturels qui, en tant qu'objets marchands, sont soumis à la loi de l'offre et la demande.

Malgré ces oppositions, la tendance du droit international dans le domaine culturel est de reconnaître aux biens culturels une spécificité qui légitime le fait que l'on ne leur applique pas les mêmes règles commerciales que les biens les plus communs. Ainsi, l'article XX du GATT, aujourd'hui annexé à l'accord de Marrakech instituant l'organisation mondiale du commerce, dispose que « sous réserve que ces mesures ne soient pas appliquées de façon à constituer soit un moyen de discrimination arbitraire ou injustifiable entre les pays où les mêmes conditions existent, soit une restriction déguisée au commerce international, rien dans le présent Accord ne sera interprété comme empêchant l'adoption ou l'application par toute

---

[93] O'Keefe (P.J.), Prott (L.V.), *op. cit.*, p. 766, (cf. note 20).

partie contractante des mesures (d) pour la protection de trésors nationaux ayant une valeur artistique, historique ou archéologique ».

Outre les conventions de l'UNESCO et d'Unidroit [94], d'autres conventions internationales reconnaissent et légitiment des législations internes qui ont pour objet de restreindre voire de rendre impossible le commerce de certains biens culturels, leur donnant ainsi un statut particulier. C'est notamment le cas de convention sur la protection du patrimoine culturel subaquatique adoptée le 2 novembre 2001 par la 31ème Conférence générale de l'UNESCO. Les problématiques de la restitution sont traditionnellement attachées aux biens mobiliers corporels « sur terre » mais le trafic illicite concerne également les biens culturels subaquatiques. Bien que n'établissant pas un véritable système de restitution, la convention sur la protection du patrimoine culturel subaquatique s'oppose à l'exportation illicite de biens culturels: les États parties doivent prendre des mesures pour empêcher l'entrée sur leur territoire, le commerce et la possession de patrimoine culturel subaquatique exporté illicitement ou récupéré en violation de la convention[95].

Au niveau de l'Union européenne, les législations nationales en matière de protection des biens culturels constituent une limitation à la libre circulation des marchandises prévue par le Traité de Rome. Cependant, en vertu de l'article 30 de ce même Traité, les Etats membres peuvent déroger à ses dispositions pour des raisons de protection des trésors nationaux ayant une valeur artistique, historique ou archéologique. Les Etats membres peuvent donc adopter ou maintenir des interdictions, des restrictions quantitatives ou des mesures d'effet équivalent à l'exportation voire au transit des biens culturels à l'intérieur de l'Union européenne. Ces dispositions sont permises par l'article 30 dès lors qu'elles ne concernent que des hypothèses exceptionnelles bien délimitées et ne se prêtant à aucune interprétation extensive[96]. Par conséquent, certains biens culturels au sein du système de libre échange de l'Union européenne sont reconnus comme *res extra commercium*.

Le caractère controversé de la restitution des biens culturels illicitement exportés provient, comme nous venons de l'expliquer d'une série d'obstacles internes à certains Etats,

---

[94] Article 13 d) de la convention de l'Unesco et article 5 § 3 de la convention d'Unidroit.
[95] Article 14 de la convention sur la protection du patrimoine culturel subaquatique.
[96] Voir à ce propos l'arrêt de la Cour de justice des communautés européennes, arrêt *Œuvres d'art,* 10 décembre 1968, affaire 7/68, *Recueil*, 1968, p. 617.

peu réceptifs au droit public étranger et peu enclins à reconnaître un statut particulier aux biens culturels. Ceci a justifié que le régime de la restitution et du retour des biens illicitement exportés souffre de quelques restrictions.

§ 2 L'exportation illicite : une condition nécessaire mais insuffisante à l'application du régime de la restitution et du retour des biens culturels illicitement exportés

Dans les différents instruments internationaux de restitution des biens culturels en cas de trafic illicite, on trouve deux types de limitations du champ d'application du régime juridique: l'Etat doit soit démontrer son intérêt au retour du bien sur son territoire (A) ou prouver l'importance significative que revêt pour lui ce bien (B).

A. L'intérêt caractérisé de l'Etat au retour du bien illicitement exporté

La véritable avancée que constitue la reconnaissance au niveau international de législations interdisant l'exportation de biens culturels a justifié des conditions d'application restrictives du régime de restitution des biens illicitement exportés. Ces conditions sont les contreparties obtenues par les Etats les plus réticents à l'idée de restreindre le commerce des biens culturels. Ainsi, l'exportation illicite du bien est certes une condition nécessaire, mais n'est pas suffisante pour fonder la restitution. La convention d'Unidroit et son chapitre III concernant le retour des biens illicitement exportés offre un point de rencontre entre les intérêts des Etats qui mettent l'accent sur la protection du patrimoine national et ceux qui soulignent l'importance du commerce des biens culturels. Ceci a justifié, lors de la conférence diplomatique pour l'adoption de la convention, la restriction du champ d'application du régime de retour à certaines catégories de biens caractérisés par la nature des intérêts lésés. Les quatre intérêts caractérisés énumérés à l'article 5 § 3[97] sont conçus de manière alternative, si bien que l'Etat requérant n'a besoin d'apporter la preuve de l'atteinte significative que d'un des intérêts caractérisés pour l'application du régime de retour des biens illicitement exportés. « La conservation matérielle du bien ou de son contexte » (alinéa a) vise notamment les atteintes physiques aux monuments et aux sites archéologiques, y compris celles causées par les fouilles illicites et le pillage ainsi qu'aux objets délicats en raison de la manipulation non

---

[97] Article 5 § 3 « Le tribunal ou toute autre autorité compétente de l'Etat requis ordonne le retour du bien culturel lorsque l'Etat requérant établit que l'exportation du bien porte une atteinte significative à l'un ou l'autre des intérêts suivants: a) la conservation matérielle du bien ou de son contexte; b) l'intégrité d'un bien complexe; c) la conservation de l'information, notamment de nature scientifique ou historique, relative au bien; d) l'usage traditionnel ou rituel du bien par une communauté autochtone ou tribale, ou établit que le bien revêt pour lui une importance culturelle significative ».

professionnelle des pilleurs ou des autres intervenants impliqués dans l'exportation illicite. Par autres intervenants, les rédacteurs de la convention visent la totalité de la chaîne des acteurs du trafic illicite et notamment « les possesseurs, contrebandiers et marchands »[98]. Par « l'intégrité d'un bien complexe », les rédacteurs envisagent les démembrements des grands complexes monumentaux, comme la décapitation des sculptures, la dispersion des fresques, ou la division des triptyques ou encore le démontage de l'intérieur de demeures historiques[99]. Le troisième alinéa est consacré à la « conservation de l'information notamment de nature scientifique ou historique relative au bien ». Ici, ce sont les dommages portés au contexte dans lequel se trouvait le bien qui ont retenu l'attention des rédacteurs de la convention. En dehors de son contexte, le bien est privé d'éléments fournissant des renseignements historiques et scientifiques importants. La référence à la nature historique ou scientifique a été insérée afin d'appréhender *ipso facto* les biens issus des fouilles sauvages mais aussi le démembrement des collections, la perturbation de la stratigraphie et la destruction de la documentation[100]. Enfin, « l'usage traditionnel ou rituel d'un bien par une communauté tribale ou autochtone » vise à la protection des cultures des communautés traditionnelles dont les pratiques rituelles impliquent des objets (des sculptures ou des masques par exemple)[101].

B. L'importance culturelle significative du bien

Qu'il soit exprimé de manière explicite ou implicite, directe ou indirecte, le critère de « l'importance culturelle significative » du bien culturel est présent dans les principaux instruments internationaux de restitution des biens culturels en cas de trafic illicite, bien qu'il ne soit expressément utilisé que dans la convention d'Unidroit à l'article 5 § 3. Dans la convention de l'UNESCO, la condition de l'importance significative de l'Etat se manifeste de manière indirecte et donc moins affirmée que dans les autres instruments internationaux. Paradoxalement, le champ d'application *ratione materiae* de la restitution pour exportation illicite prévue à l'article 13 d) apparaît de prime abord plus large que celui de la restitution des biens culturels volés prévus à l'article 7, alors que la restitution pour vol fait l'objet d'un consensus au niveau international, ce qui n'est pas le cas de l'exportation illicite. En effet, les conditions restrictives d'appartenance à un musée ou une institution similaire et d'inscription

---

[98] Secrétariat d'Unidroit, « Convention d'Unidroit : rapport explicatif », *op. cit.*, p. 529, (cf. note 34).
[99] Secrétariat d'Unidroit, « Convention d'Unidroit : rapport explicatif », *op. cit.*, p. 531.
[100] *Ibid.*
[101] *Ibid.*

sur l'inventaire de ces établissements (voir *supra* p. 38) ne sont pas exigées en matière d'exportation illicite. L'article 13 d) ne vise toutefois pas l'intégralité des biens culturels mais seulement les objets inaliénables *ex lege originis*, c'est-à-dire les objets qui ne sont pas seulement interdits d'exportation mais aussi insusceptibles d'acquisition sur leur territoire. Quand l'article 7 vise de manière indifférenciée les biens de propriété publique et privée, l'article 13 se limite aux biens classés et inaliénables, ce qui suppose dans la majorité des cas la propriété de l'Etat sur ces biens[102]. Or, les biens classés ou inaliénables représentent le plus souvent des objets d'une importance primordiale pour la culture, ou l'histoire d'un Etat, conformément à la tradition de la catégorie des *res extra commercium*[103]. Le champ d'application *ratione materiae* de l'article 13 d) dans convention de l'UNESCO n'est donc qu'en apparence plus large que celui prévu pour le vol et témoigne surtout de la volonté des Etats de limiter la restitution des biens culturels illicitement exportés aux seuls objets inaliénables, ce qui correspond dans la majorité des cas, aux biens d'une importance culturelle significative.

La directive du Conseil de l'Union européenne du 15 mars 1993, dont le seul fait de l'exportation illicite du territoire d'un Etat membre entraîne l'application du régime, n'admet en apparence aucun filtre d'après l'intérêt de l'Etat ou l'importance culturelle significative. Cependant, la notion même de bien culturel au sens communautaire du terme, est limitée aux biens classés comme « trésor national de valeur artistique, historique ou archéologique » au sens de l'article 30 du traité (ex article 36) du traité et appartenant à diverses catégories comme les objets archéologiques ayant plus de cent ans ou les biens faisant partie des collections publiques, et des inventaires des institutions religieuses[104]. Pour être susceptibles de restitution, les biens doivent appartenir à l'une des catégories prévues à l'article premier

---

[102] Fraoua (R.), *op. cit.*, p. 91, (cf. note 23).
[103] Carducci (G.), *op. cit.*, p. 271, (cf. note 31).
[104] Article 1 § 1 de la directive : « Aux fins de la présente directive, on entend par: 1) « bien culturel »: - un bien classé, avant ou après avoir quitté illicitement le territoire d'un État membre, comme « trésor national de valeur artistique, historique ou archéologique », conformément à la législation ou aux procédures administratives nationales au sens de l'article 36 du traité et - appartenant à l'une des catégories visées à l'annexe ou n'appartenant pas à l'une de ces catégories, mais faisant partie intégrante: - des collections publiques figurant sur les inventaires des musées, des archives et des fonds de conservation des bibliothèques. Aux fins de la présente directive, on entend par « collections publiques » les collections qui sont la propriété d'un État membre, d'une autorité locale ou régionale dans un État membre, ou d'une institution située sur le territoire d'un État membre et classées publiques conformément à la législation de cet État membre, à condition qu'une telle institution soit la propriété de cet État membre ou d'une autorité locale ou régionale, ou qu'elle soit financée de façon significative par celui-ci ou l'une ou l'autre autorité - des inventaires des institutions ecclésiastiques ».

ainsi qu'aux annexes, et être de surcroît classés comme trésor national, ce qui revient, dans une certaine mesure, à la qualification de l'importance culturelle significative[105].

La convention d'Unidroit est le seul instrument international à viser expressément « l'importance culturelle significative » du bien[106]. Cette condition n'est pas le seul élément restrictif pour l'application du régime de restitution des biens culturels illicitement exportés puisque l'Etat qui revendique un bien peut aussi prouver son intérêt au retour du bien (voir *supra* p. 46). Il s'agit ainsi de conditions alternatives. L'objectif de ces deux conditions est d'appréhender le maximum de biens et notamment ceux dont l'intérêt au retour ne pourrait être prouvé. La convention ne donne aucune indication quant au sens de la condition de « l'importance culturelle significative » mais il est toutefois clair que cette condition ne doit pas être confondue avec celle de « l'importance » visée à l'article 2 pour définir les biens culturels au sens de la convention. Le rajout du qualificatif « significatif » témoigne de la volonté des rédacteurs de réduire le champ des biens culturels susceptibles de retour en cas d'exportation illicite. De plus, si l'importance des biens culturels au sens de l'article 2 est appréciée de manière générale en fonction du domaine concerné (l'archéologie, la préhistoire, l'histoire, la littérature, l'art ou la science), l'appréciation de l'importance culturelle significative dans le cadre de l'article 5 § 3 se fera au cas par cas, *in concreto*, par le juge, à la lumière du contexte culturel de l'Etat requérant. La qualité esthétique, l'importance du bien pour l'étude de l'art, de l'histoire ou la science ou encore la rareté du bien sont autant de pistes que le juge pourra exploiter afin de déterminer l'importance culturelle significative du bien[107].

Les restrictions appliquées au régime de la restitution et du retour des biens illicitement exportés ont été nécessaires afin de rendre acceptable le régime pour les Etats. L'affirmation de l'obligation de restitution des biens illicitement exportés marque néanmoins une avancée conséquente du droit international, renforçant l'obligation générale de restitutions des biens culturels en cas de trafic illicite. L'histoire normative de l'obligation de restitution des biens culturels est celle de sa consolidation. L'affirmation de cette obligation s'est faite progressivement au niveau universel depuis 1970 en prenant en compte les deux

---

[105] Siehr (K.), « Die EG-Richtlinie von 1993 über die Rückgabe von Kulturgütern und der Kunsthandel », p. 34, *in* Reichelt (G.) (ed.), *Neues Recht zum Schutz von Kulturgut*, Vienne, Manz Verlag, 1997.
[106] Article 5 § 3.
[107] Secrétariat d'Unidroit, « Convention d'Unidroit : rapport explicatif », *op. cit.*, p. 531, (cf. note 34).

facettes du trafic illicite qui forment deux régimes juridiques distincts: le vol et l'exportation illicite. La convention d'Unidroit complète la convention de 1970, dont la priorité était de développer la coopération entre les Etats, par un dispositif s'attelant aux problèmes de droit privé tels que l'acquisition de bonne foi. L'effectivité de l'affirmation de l'obligation de la restitution des biens culturels en cas de trafic illicite dépend aussi de sa mise en œuvre, selon un double point de vue : celui du mécanisme judicaire de mise en œuvre de l'obligation et celui de son niveau d'acceptation par les Etats.

DEUXIEME PARTIE : LA MISE EN ŒUVRE DU REGIME DE LA RESTITUTION DES BIENS CULTURELS EN CAS DE TRAFIC ILLICITE

Avec l'affirmation conventionnelle de l'obligation de restitution des biens culturels, un premier pas dans la lutte contre le trafic illicite de ces biens a été franchi. Cette affirmation demeure insuffisante pour parachever le dispositif de lutte contre le trafic dans la mesure où l'effectivité de l'obligation de restitution suppose deux éléments supplémentaires. D'une part, une obligation juridique n'est effective sur un plan pratique que s'il est prévu un mécanisme de mise en œuvre de l'obligation. Les questions d'exercice du droit sont souvent aussi âprement négociées et discutées que la teneur du droit lui-même, ce qui démontre bien l'importance pour les parties aux conférences diplomatiques de ces questions. La question de la restitution des biens culturels en cas de trafic illicite ne déroge pas à la règle : comme le note Lyndell V. Prott à propos de la convention d'Unidroit de 1995, « *this question has always been a difficult one (…) a complex formula was finally reached after difficult and last-minute negotiations* »[108]. Le droit d'exercice de l'obligation de la restitution des biens culturels en cas de trafic illicite fera ainsi l'objet d'un premier chapitre.

D'autre part, l'effectivité d'un instrument international dépend naturellement de son acceptation par les Etats. Le moment de vérité arrive lors de la ratification, quand bien souvent les Etats, qui ont le plus activement conduit les négociations, se rétractent inopinément[109]. La correspondance des textes avec un large acquiescement des Etats participant aux négociations est primordiale pour assurer à l'obligation juridique une efficacité sur le plan pratique. Force est de constater qu'en matière de conventions prévoyant la restitution des biens culturels dans le contexte du trafic illicite, les Etats sont quelque peu réticents à s'engager par la voie de la ratification. Cependant, la nécessité de la lutte contre le trafic illicite a été admise par les différents acteurs de la communauté internationale (Etats,

---

[108] Prott (L.V.), « a Partnership », *op. cit.*, p.66, (cf. note 43).
[109] Peletan (S.), « la protection juridique internationale des biens culturels », *Revue de la recherche juridique, droit prospectif*, 1998/1, p. 267.

organisations internationales, organisations non gouvernementales) et face à l'urgence de la situation engendrée par ce trafic, ils ont développé des moyens de substitution à l'obligation juridique de restitution des biens culturels. Ainsi, l'analyse de l'effectivité réduite de l'obligation de restitution fera l'objet du deuxième chapitre.

CHAPITRE 1 : LE DROIT D'EXERCICE DE LA RESTITUTION DES BIENS CULTURELS EN CAS DE TRAFIC ILLICITE : LA RECHERCHE D'UN EQUILIBRE ENTRE LES INTERETS EN CAUSE

L'obligation de restitution des biens culturels en cas de trafic illicite repose dans les conventions d'Unidroit et de l'UNESCO sur un double fondement, celui du vol ou de l'exportation illicite et, en toute logique, le droit d'exercice est applicable selon le fondement invoqué. Cependant, cette distinction des demandes en restitution peut paraître quelque peu réductrice car il est des situations où le bien culturel est à la fois volé et illicitement exporté. Dans le système de la directive de l'Union Européenne de 1993, le seul fondement admis étant la sortie illicite du territoire d'un Etat membre, la coexistence de deux procédures est exclue. Dans le système des conventions de l'UNESCO de 1970 et d'Unidroit de 1995, rien a été expressément prévu en cas de coexistence des deux éléments générateurs de l'application du régime de restitution. On en déduit dès lors que le demandeur a le choix de la procédure. Mais il ne peut pas intenter de procédures mixtes : un seul de ces fondements, déterminé au cas par cas, sert de base à la demande et détermine le régime applicable, celui-ci étant toujours unitaire dans la directive et dualiste dans les conventions[110]. Ceci étant, il est à noter que la convention de l'UNESCO ne contient que peu de dispositions d'ordre procédural. Ainsi, il est prévu à l'article 7 (b) (ii) que les demandes de restitution des biens volés se font par voie diplomatique, entre Etats, et à la condition que tous les moyens de preuve nécessaires soient fournis[111]. L'article 13 (d) qui prévoit la restitution des biens illicitement exportés ne contient aucune précision pour sa mise en œuvre procédurale. Au niveau américain, la convention de 1976 est tout aussi succincte en matière procédurale : il est seulement prévu que les demandes se font par la voie diplomatique[112]. La convention d'Unidroit prévoit deux procédures différentes pour les demandes fondées sur le vol ou l'exportation illicite. En cas de vol, l'article 3 § 3 ne prévoit pas de différence de régime selon la qualité *ratione personae* du demandeur. Cela peut ainsi être une personne privée ou une personne publique, à la différence des actions intentées sur le fondement de l'exportation illicite qui sont par nature interétatiques. Que ce soit en cas de vol ou d'exportation illicite, la convention d'Unidroit prévoit un chef de compétence directe permettant la saisine du tribunal ou d'une autorité

---

[110] Carducci (G.), *op. cit.*, p. 361, (cf. note 31).
[111] Article 7 (b) (ii) de la convention de 1970.
[112] Article 11 de la convention de 1976.

compétente, de l'Etat de situation du bien[113], ce qui marque une avancée remarquable pour l'effectivité de la restitution puisque la décision de l'organe compétent sera directement applicable, sans passer par la procédure d'*exequatur*. Celle-ci sera en revanche nécessaire lorsque le bien se trouve dans un autre Etat contractant que celui du for[114]. Il est à noter aussi que la convention prévoit la possibilité du recours à l'arbitrage[115]. Les modalités de saisine sont multiples : directement auprès des tribunaux ou des autorités compétentes, par l'intermédiaire d'une autorité désignée par l'Etat ou par voie diplomatique et consulaire[116]. Une lacune majeure de la convention d'Unidroit relève de l'absence de résolution du problème des demandes concurrentes en restitution. L'article 3 § 1 ne contient en effet aucune indication sur la personne à laquelle le bien doit être restitué. En toute logique, la première personne visée est naturellement la personne dépossédée qui, dans la majorité des cas, est le propriétaire de l'objet, mais il peut aussi s'agir dans certains cas de tiers : le créancier gagiste dans le cas d'une garantie bancaire sur l'objet ou le bénéficiaire d'un prêt[117]. Au niveau communautaire, les rédacteurs de la directive se sont prononcés pour le choix de la compétence de l'autorité intermédiaire, dont les tâches sont précisément définies dans celle-ci : il s'agit d'un rôle d'enquête du bien ou du détenteur, de notification, de conservation de l'objet et de coordination avec les autorités des autres Etats membres concernés[118]. Cette phase dans la directive, constitue la première étape de la procédure de restitution qui est suivie d'une phase judiciaire[119].

La difficulté de la tâche des rédacteurs de ces instruments internationaux n'a pas été tant de déterminer quelles étaient les autorités, organismes, ou juridictions compétentes pour juger du bien fondé de la demande de restitution des biens culturels mais d'inscrire l'obligation de restitution dans la problématique du temps et ses différentes acceptions. En matière de restitution des biens culturels, cette problématique suscite des débats notamment vis-à-vis des délais de prescription et de la question de la rétroactivité (section 1). En outre, les tensions se sont focalisées sur la détermination des conditions d'octroi de l'indemnisation, qui constitue la contrepartie de l'obligation de restitution : si le propriétaire dépossédé a été

---

[113] Article 8 § 1 de la convention d'Unidroit.
[114] Secrétariat d'Unidroit, « Convention d'Unidroit : rapport explicatif », *op. cit.*, p. 599, (cf. note 34).
[115] Article 8 § 2 de la convention d'Unidroit.
[116] Article 16 de la convention d'Unidroit.
[117] Secrétariat d'Unidroit, « Convention d'Unidroit : rapport explicatif », *op. cit.*, p. 599.
[118] Article 4 de la directive.
[119] Article 5 de la directive.

favorisé grâce à l'affirmation au niveau international d'une obligation de restitution, les intérêts de l'acquéreur de bonne foi ont été aussi pris en considération (section 2). Ces questions de mise en œuvre de l'obligation de restitution ont été des points clés d'équilibre entre les intérêts en cause et peuvent s'analyser comme des contreparties concédées aux Etats les plus réticents à l'obligation de restitution, dans la mesure où la mise en œuvre de cette obligation peut être l'occasion de mettre un frein à l'affirmation du principe de restitution. Comme le note François Rigaux, « il ne faut pas rêver : les Etats ne coopèrent que s'ils y trouvent des avantages mutuels »[120].

Section 1 : La question du temps en matière de restitution des biens culturels

Le temps est une donnée importante dans la mise en œuvre de l'obligation juridique de restitution des biens culturels. Le droit s'inscrit dans un instant, dans une époque, mais aussi dans la durée. Le temps peut être envisagé à travers ses différentes acceptions : comme le passé, le présent, le futur et comme le temps qui s'écoule. Il participe de l'effectivité d'une convention car celle-ci doit s'inscrire dans une temporalité déterminée et adaptée à la problématique qu'elle entend résoudre.

Ceci explique que la question du temps ait fait l'objet de nombreux débats, souvent houleux lors des conférences diplomatiques[121], qui se sont cristallisés autour des aspects politiques et judiciaires du temps. Politique d'une part, à travers la question de la rétroactivité, qui comporte un intérêt certain dans le cadre de la problématique de la restitution des biens culturels, parce qu'un nombre extrêmement important de biens culturels ont été déplacés, d'une manière plus ou moins légitime selon l'appréciation de chacun, avant l'entrée en vigueur des instruments internationaux relatifs à la restitution (§1). Et judiciaire d'autre part, à travers la question des délais de prescription, dont la détermination est le résultat d'un équilibre entre les exigences de fluidité du marché de l'art et celles de protection du patrimoine national (§2).

---

[120] Rigaux (F.), « Les situations juridiques individuelles dans un système de relativité générale », *R.C.A.D.I.*, 1989/213, p. 384.
[121] Prott (L.V.), « a Partnership », *op. cit.*, p. 66, (cf. note 43).

§ 1 Le temps politique : l'opportunité de la rétroactivité en matière de restitution des biens culturels en question

La question de la rétroactivité trouve un intérêt particulier en matière de restitution. Certains Etats ont en effet souffert de nombreux transferts de biens appartenant à leur patrimoine culturel avant l'entrée en vigueur des instruments relatifs à la restitution (A). La rétroactivité a été cependant unanimement rejetée dans ces instruments (B).

A. La requête des Etats exportateurs pour la rétroactivité des instruments internationaux relatifs à la restitution des biens culturels

Les différents instruments internationaux relatifs à la restitution des biens culturels s'opposent aux appropriations illégales, que ce soit du fait du vol ou de l'exportation illicite, ce qui justifie la restitution, mais seulement après leurs entrées en vigueur. Se pose alors la question de savoir s'il est possible, voire souhaitable, de faire rétroagir cette protection afin de rendre possible toute demande en restitution d'objets acquis avant l'entrée en vigueur des différents textes internationaux relatifs à la restitution des biens culturels. Ces transferts de biens culturels se sont souvent produits lors de périodes de domination coloniale et ont été réalisés, dans la plupart des cas, en conformité avec le droit de l'époque. L'exemple le plus célèbre reflète cette réalité : les frises du Parthénon, découpées par l'ambassadeur anglais auprès de l'Empire Ottoman, Lord Elgin, ont fait l'objet d'un accord avec le sultan ottoman en 1801, l'autorisant à emporter toute sculpture ou inscription de son choix, pour peu qu'elle n'ait rien à voir avec les ouvrages défensifs ou les fortifications[122]. La question est donc de savoir si ces biens tomberont sous le système conventionnel prohibant l'exportation illicite ou le vol et prévoyant à cet égard leurs restitutions. Les pays les plus touchés par le trafic, et plus particulièrement les pays du Sud, dont le patrimoine culturel est aujourd'hui, en partie parfois importante, conservé dans les collections des grands musées occidentaux, répondent par l'affirmative. Se plaçant sur le terrain politique, ils condamnent ce droit d'antan, son libéralisme, sa signification souvent coloniale et montrent que beaucoup d'objets ne devaient et ne pouvaient être cédés[123].

---

[122] Valois (P.), « L'épineux retour des œuvres d'art », *Historia*, 2006/719, p. 27.
[123] Goy (R.), *op. cit.*, p. 71, (cf. note 8).

Ils s'appuient, en outre, sur les rapports de plusieurs comités d'experts qui se sont prononcés sur ce sujet et ont affirmé la nécessité de la rétroactivité des conventions internationales relatives à la restitution des biens culturels. En 1978, un comité *ad hoc* créé par le conseil international des musées, organisation-non-gouvernementale liée à l'UNESCO, rédigea « une étude relative aux principes, conditions, et moyen de la restitution ou du retour des biens culturels en vue de la reconstitution des patrimoines dispersés ». Ces experts affirmèrent qu'« on ne saurait fixer de limites dans le passé pour les restitutions et le retour », mais notèrent toutefois que les difficultés étaient liées « à l'aspect culpabilisant que peut parfois impliquer l'acte de restitution, ce fait signifiant implicitement que la propriété de l'objet était jusqu'alors illégitime » [124]. La plupart des pays et des propriétaires privés accepteraient difficilement d'être placés en posture d'accusés dès lors que l'entrée des objets dans leurs collections peut s'être effectuée selon des procédés légaux et légitimes à l'époque. De plus, ces points de vue sont soutenus par un certain nombre d'auteurs qui reconnaissent que le principe de la rétroactivité est écarté par le droit international général, mais admettent curieusement « la rétroactivité de tous les traités établissant une obligation de restitution »[125]. Curieusement, car les principaux traités relatifs à la restitution ne prévoient pas une application rétroactive de leurs dispositions[126] (voir *infra* p. 58). Selon un autre point de vue, la rétroactivité se conçoit aisément pour un bien qui, selon le droit local de l'époque du transfert, était soumis à un statut protecteur ou a été transféré en contrevenant aux règles applicables à l'époque[127]. Ce raisonnement est certes plus raisonnable que le précédent mais ne légitime en rien l'application d'une convention instituant un mécanisme de restitution à des situations antérieures à son entrée en vigueur, si elle ne le prévoit pas. Cela ne signifie pas toutefois que le requérant victime de ce transfert illicite sera sans voie de recours car il aura la possibilité d'intenter une action en justice devant les autorités judiciaires du lieu de situation du bien selon règles internes de cet Etat.

La requête pour une rétroactivité des instruments relatifs à la restitution s'appuie plus sur des arguments politiques et éthiques, que sur des considérations juridiques fondées, dans

---

[124] Comité *ad hoc* désigné par le conseil exécutif d'ICOM, « Etudes relatives aux principes, conditions et moyens de la restitution ou du retour des biens culturels en vue de la reconstitution des patrimoines dispersés », *Museum*, 1979/31, p. 63.
[125] Voir notamment Bindschelder-Robert (D.), cité dans Goy (R.), *op. cit.*, p. 971, (cf. note 8).
[126] Ni la convention de l'UNESCO, ni celle de l'OEA ou d'Unidroit, ni la directive de 1993 ne retiennent le principe de la rétroactivité. Il est néanmoins concevable de considérer les traités incluant une obligation de restitution et survenant après la première guerre mondiale comme rétroactifs : le traité de Riga du 18 mars 1921 entre la Pologne, la Russie et l'Ukraine, pose ainsi une principe de restitution intégrale des biens culturels enlevés à partir du 1er janvier 1772.
[127] *Ibid.*

la mesure où il est extrêmement difficile de prouver l'illicéité d'un transfert d'un bien culturel survenu des dizaines voire des centaines d'années auparavant ; et dans l'hypothèse où cette illicéité serait prouvée, il serait impossible d'invoquer les dispositions des instruments contemporains pertinents tant le principe de non-rétroactivité en matière de restitution prédomine en l'état du droit positif actuel.

B. Le rejet de la rétroactivité des instruments internationaux relatifs à la restitution depuis le protocole de 1954

Ni le Protocole à la convention pour la protection des biens culturels en cas de conflit armé de 1954, ni la convention de l'UNESCO de 1970 ou celle d'Unidroit de 1995 ne retiennent l'application rétroactive de leurs dispositions. Ces textes sont ainsi conformes au principe général de non-rétroactivité des traités. Ce principe est codifié par l'article 28 de la Convention de Vienne sur le droit des traités du 23 mai 1969 qui dispose qu'« à moins qu'une intention différente ne ressorte du traité ou ne soit par ailleurs établie, les dispositions d'un traité ne lient pas une partie en ce qui concerne un acte ou fait antérieur à la date d'entrée en vigueur de ce traité au regard de cette partie ou une situation qui avait cessé d'exister à cette date ». Ce principe n'a nullement un caractère absolu. La cour internationale de justice, dans l'affaire *Ambatielos* sur les exceptions préliminaires, a affirmé que la non-rétroactivité « aurait pu être contredite s'il avait existé une clause ou une raison particulière appelant une interprétation rétroactive »[128]. Sa devancière, la cour permanente de justice internationale, dans l'affaire des *concessions Mavromatis en Palestine* du 30 août 1924, a même admis qu'il pouvait exister des dérogations implicites au principe de non-rétroactivité résultant de l'objet du traité[129].

Les conventions de l'UNESCO et d'Unidroit ne sont pas rétroactives dans leur champ d'application *ratione temporis*, puisque aucune clause ne le prévoit pas. Ceci a été certes discuté pendant les conférences diplomatiques, mais un tel principe aurait anéanti les chances des conventions d'être acceptées par les Etats les plus concernés par l'obligation de restitution qui n'auraient même pas entamé les négociations si une telle hypothèse avait du être sérieusement envisagée[130]. Cependant, ni l'une ni l'autre ne prennent explicitement position

---

[128] Affaire *Ambatelios (exceptions préliminaires)*, Cour internationale de justice, 1er juillet 1952, *Recueil*, 1952, p. 40.
[129] Affaire *Mavromatis*, Cour permanente de justice internationale, 30 août 1924, *Recueil*, Série A, n° 2, p. 24.
[130] Secrétariat d'Unidroit, « Convention d'Unidroit : rapport explicatif », *op. cit.*, p. 549, (voir note 34).

sur ce sujet politiquement sensible afin de ne pas légitimer les appropriations et acquisitions litigieuses de biens culturels antérieures à leurs entrées en vigueur. De nombreux Etats ont perdu une partie importante de leur patrimoine national par le passé et n'auraient pas pu accepter une disposition prenant clairement partie contre l'éventualité d'une application rétroactive des dispositions conventionnelles. Ainsi, l'article 15 de la convention de 1970 dispose que « rien, dans la présente Convention, n'empêche les États qui y sont parties de conclure entre eux des accords particuliers ou de poursuivre la mise à exécution des accords déjà conclus concernant la restitution de biens culturels sortis de leur territoire d'origine, pour quelque raison que ce soit, avant l'entrée en vigueur de la présente Convention pour les États intéressés » : la convention ne crée donc pas de situation de fait accompli. La convention d'Unidroit de 1995 dispose dans son article 9 que « la présente Convention n'empêche pas un Etat contractant d'appliquer toutes règles plus favorables à la restitution ou au retour des biens culturels volés ou illicitement exportés que celles prévues par la présente Convention », ce qui inclut en toute logique la possibilité de donner aux dispositions de la convention un effet rétroactif. De plus, l'article 10 § 3 dispose que « la présente Convention ne légitime aucunement une opération illicite de quelque nature qu'elle soit qui a eu lieu avant l'entrée en vigueur de la présente Convention ou à laquelle l'application de celle-ci est exclue par les paragraphes 1 ou 2 du présent article, ni ne limite le droit d'un Etat ou d'une autre personne d'intenter, en dehors du cadre de la présente Convention, une action en restitution ou retour d'un bien culturel volé ou illicitement exporté avant l'entrée en vigueur de la présente Convention ». Ces deux dispositions montrent bien l'équilibre délicat qu'il a fallu atteindre lors des négociations entre des Etats aux intérêts opposés : tout en prévoyant, en principe, la non-rétroactivité des conventions, la porte est laissée théoriquement ouverte pour les Etats désireux d'aller plus loin dans le mécanisme de restitution des biens culturels en cas de trafic illicite. Pour être effective, cette possibilité doit se concrétiser entre des Etats dont le patrimoine s'est amoindri au cours de leur histoire et des Etats qui, au contraire, ont enrichi leurs collections et leur patrimoine. A la lumière des antagonismes entre les Etats importateurs et exportateurs, il nous semble à l'heure actuelle peu probable que de tels accords, susceptibles de provoquer une multitude de litiges entre ces Etats, soient conclus. Il suffit d'imaginer les litiges potentiels concernant les collections du Louvre, du *British Museum* ou du *Pergamonmuseum* de Berlin, pour comprendre que ces provisions n'ont à l'heure actuelle qu'un intérêt théorique.

Si la question de la rétroactivité a suscité de nombreux débats lors des négociations des conventions, tel a été aussi le cas de la question des délais de prescription, dont la détermination est le résultat d'un compromis entre les intérêts du marché de l'art et ceux de la protection du patrimoine culturel national.

§ 2 Le temps judiciaire : la recherche d'un équilibre entre les exigences de fluidité du marché de l'art et la protection du patrimoine culturel national

La directive de 1993 et la convention de 1995 fixent les délais de prescription en matière de restitution et aboutissent à des résultats différents (A). Mais ces deux instruments prévoient un régime dérogatoire pour les biens appartenant au noyau dur du patrimoine culturel (B). Cette dérogation participe du compromis entre les exigences de fluidité du marché de l'art et de la protection du patrimoine national.

A. La fixation des délais dans la directive de 1993 et la convention de 1995

La convention de l'UNESCO de 1970 est très rudimentaire en matière procédurale : elle ne détermine ni de délais de prescription ni le moment du commencement de celui-ci. Ainsi, chaque Etat détermine le régime applicable dans le cadre de sa législation. Tout au plus, la convention précise dans son article 13 b) que la collaboration entre les autorités compétentes pour les questions de restitution doit se faire « dans les délais les plus rapides ». La directive du Conseil de 1993 [131] et la convention d'Unidroit de 1995 [132] apportent des solutions innovantes puisqu'elles fixent, pour la première fois dans l'histoire conventionnelle de l'obligation de restitution, des délais de prescription. Pour autant, le principe de limitation temporelle à l'introduction de la demande et la durée d'une telle limite ont suscité des

---

[131] Article 7 § 1 : « Les États membres prévoient dans leur législation que l'action en restitution prévue par la présente directive est prescrite dans un délai d'un an à compter de la date à laquelle l'État membre requérant a eu connaissance du lieu où se trouvait le bien culturel et de l'identité de son possesseur ou détenteur. En tout état de cause, l'action en restitution se prescrit dans un délai de trente ans à compter de la date où le bien culturel a quitté illicitement le territoire de l'État membre requérant. Toutefois, dans le cas des biens faisant partie des collections publiques visés à l'article 1er paragraphe 1 et des biens ecclésiastiques dans les États membres dans lesquels ils font l'objet d'une protection spéciale conformément à la loi nationale, l'action en restitution se prescrit dans un délai de 75 ans, sauf dans les États membres où l'action est imprescriptible ou dans le cas d'accords bilatéraux entre États membres établissant un délai supérieur à 75 ans ».

[132] Pour le cas du vol : article 3 § 3 : « Toute demande de restitution doit être introduite dans un délai de trois ans à compter du moment où le demandeur a connu l'endroit où se trouvait le bien culturel et l'identité du possesseur et, dans tous les cas, dans un délai de cinquante ans à compter du moment du vol » et pour le cas de l'exportation illicite : article 5 § 5 : « Toute demande de retour doit être introduite dans un délai de trois ans à compter du moment où l'État requérant a connu l'endroit où se trouvait le bien culturel et l'identité du possesseur et, dans tous les cas, dans un délai de cinquante ans à compter de la date de l'exportation ou de la date à laquelle le bien aurait dû être retourné en vertu d'une autorisation visée au paragraphe 2 du présent article ».

positions très divergentes de la part des Etats. Les Etats exportateurs revendiquaient des délais très longs, voire l'absence de délais, afin de permettre le plus longtemps possible une action en restitution des biens qu'ils estiment illicitement acquis, tandis que les Etats majoritairement importateurs privilégiaient des délais courts afin de garantir aux transactions du marché de l'art une certaine sécurité et fluidité. Certains spécialistes craignaient, en outre, que la fixation d'un délai de prescription soit de nature à encourager la rétention de biens illicitement acquis, dans la mesure où le possesseur est susceptible d'attendre que le délai de prescription soit passé[133]. Cette préoccupation doit être d'autant plus prise au sérieux qu'en principe la valeur d'un objet d'art augmente avec le temps. Il n'en faut certainement pas plus pour aiguiser la cupidité des receleurs de biens culturels.

Face à ces intérêts divergents, un compromis a été trouvé dans la convention d'Unidroit et la directive du Conseil. Si le principe du système de délai de prescription a été admis dans ces deux instruments, ils divergent quant à la durée de celui-ci. La convention d'Unidroit prévoit deux délais : l'un relatif, d'une durée de 3 ans, à compter de la date de la connaissance du vol ou de l'exportation illicite, et l'autre absolu, d'une durée de 50 ans, à compter de la date du vol ou de l'exportation illicite. Le délai relatif correspond à la situation où le demandeur détient les éléments susceptibles de fonder une demande en restitution. Ces éléments cumulatifs[134] sont de deux ordres : il s'agit du lieu de situation du bien et de l'identité du possesseur. Cette solution relativement exigeante pour le demandeur semble être néanmoins protectrice pour celui-ci dans la mesure où la seule connaissance de l'identité du possesseur est insuffisante si ce dernier, alerté, faisait disparaître le bien[135]. Il est intéressant de noter que le même délai a été adopté pour les demandes en restitution de biens culturels illicitement exportés, afin de ne pas favoriser l'une des actions en cas de choix entre le régime pour vol et celui pour exportation illicite.

La directive retient aussi le système du délai relatif à compter de la connaissance du lieu du bien et de l'identité du possesseur[136] et du délai absolu, mais la durée de ceux-ci diffèrent : le délai relatif est d'1 an et le délai absolu de 30 ans. Cette différence de régime peut poser problème si les Etats de l'Union Européenne, représentant en volume une part

---

[133] Fox (C.), « The UNIDROIT convention on stolen or illegally exported cultural objects : an answer to the world problem in illicit trade of cultural property », *The American University journal of international law and policy*, 1993/9, p. 241.
[134] Secrétariat d'Unidroit, « Convention d'Unidroit : rapport explicatif », *op. cit.*, p. 509, (cf. note 34).
[135] *Ibid.*
[136] Article 7 § 1.

importante des transactions sur le marché de l'art, et soucieux de préserver un certain degré de sécurité et de fluidité au niveau des transactions sur ce marché, ont le réflexe de se satisfaire de ce système plus libéral et propre à l'Union européenne. Or, au 1er juillet 2007, le constat est flagrant : sur les 27 Etats parties à la convention d'Unidroit, seuls 8 Etats de l'Union Européenne l'ont ratifiée[137].

En outre, que ce soit dans la directive ou la convention d'Unidroit, un régime exceptionnel a été entériné pour certains biens qui constituent le noyau dur du patrimoine culturel de chaque Etat, ce qui répond, en partie, aux préoccupations des Etats favorables aux délais de prescription longs afin de mieux protéger le patrimoine culturel national.

B. Le régime dérogatoire des biens appartenant au noyau dur du patrimoine culturel national

La convention d'Unidroit apporte une dérogation, dans l'hypothèse d'une demande en restitution fondée sur le vol[138], dans les délais de prescription pour un certain type de biens étroitement liés à l'identité culturelle de l'Etat. En effet, l'article 3 § 4 dispose qu'« une action en restitution d'un bien culturel faisant partie intégrante d'un monument ou d'un site archéologique identifié ou faisant partie d'une collection publique, n'est soumise à aucun délai de prescription autre que le délai de trois ans à compter du moment où le demandeur a connu l'endroit où se trouvait le bien culturel et l'identité du possesseur ». Ainsi, tout délai absolu de prescription pour ces biens volés est supprimé. Demeure seulement le délai relatif. Mais la portée de cette affirmation, radicale dans son contenu, est considérablement affaiblie par le paragraphe 5 du même article[139] qui prévoit une exception à cette imprescriptibilité pour les Etats dont la constitution ne permet pas l'adoption d'une telle règle. La durée du délai absolu est dans le cadre de cette exception ramené à 75 ans, soit seulement 25 années de plus que le régime applicable aux autres biens.

---

[137] Ces huit Etats étant : l'Italie, l'Espagne, le Portugal, la Hongrie, la Finlande, la Lituanie, la Slovaquie et la Slovénie. On notera par ailleurs que les Etats les plus actifs sur le marché de l'art (Royaume-Uni, Allemagne, France) sont absents de la liste.
[138] Cette dérogation n'a pas été en effet retenue pour les biens illicitement exportés.
[139] Article 3 § 5 : « Nonobstant les dispositions du paragraphe précédent, tout Etat contractant peut déclarer qu'une action se prescrit dans un délai de 75 ans ou dans un délai plus long prévu par son droit. Une action, intentée dans un autre Etat contractant, en restitution d'un bien culturel déplacé d'un monument, d'un site archéologique ou d'une collection publique situé dans un Etat contractant qui fait une telle déclaration, se prescrit également dans le même délai. »

La directive s'inscrit dans la même lignée, tout en adoptant une solution en apparence moins radicale : l'article 7 de la directive dispose en effet que : « (…) dans le cas des biens faisant partie des collections publiques visés à l'article 1er paragraphe 1 et des biens ecclésiastiques dans les États membres dans lesquels ils font l'objet d'une protection spéciale conformément à la loi nationale, l'action en restitution se prescrit dans un délai de 75 ans, sauf dans les États membres où l'action est imprescriptible ou dans le cas d'accords bilatéraux entre États membres établissant un délai supérieur à 75 ans ». La solution adoptée est donc la même que celle résultant de l'exception de l'article 3 § 5 de la convention d'Unidroit. Notons toutefois que la dérogation ne s'applique, dans le cadre de cette convention, que pour les biens volés (le régime de la prescription de 50 ans est dès lors applicable pour les biens illicitement exportés), alors qu'elle s'applique naturellement aux biens illicitement exportés dans le cadre de la directive, car seul ce fondement est utilisé dans la directive à l'appui d'une demande en restitution.

Cette dérogation est entendue strictement dans les deux instruments dans la mesure où les deux textes proposent des définitions autonomes des biens susceptibles d'en bénéficier. L'autonomie de la définition a été préférée au système du renvoi au droit national tant les différences d'approche et de qualification sont importantes entre les droits internes[140]. La directive prévoit cette dérogation pour les biens appartenant aux collections publiques et pour les biens ecclésiastiques. Elle définit les biens faisant partie des collections publiques à l'article 1 § 1 comme des biens appartenant à l'Etat, une autorité, une institution propriété de l'Etat ou financée de manière significative par l'Etat[141]. Dans le cadre de la convention d'Unidroit, les biens issus de fouilles archéologiques, de monuments ou appartenant aux collections publiques sont susceptibles de bénéficier du régime dérogatoire d'imprescriptibilité[142]. Les biens issus des collections publiques ne sont pas définis de la même manière dans les deux instruments. Dans la directive, l'accent est mis sur le financement public alors que la reconnaissance de l'intérêt public est exigée dans la

---

[140] Siehr (K.), *op. cit.*, p. 34, (cf. note 105).
[141] Article 1 § 1 : « Aux fins de la présente directive, on entend par « collections publiques » les collections qui sont la propriété d'un État membre, d'une autorité locale ou régionale dans un État membre, ou d'une institution située sur le territoire d'un État membre et classées publiques conformément à la législation de cet État membre, à condition qu'une telle institution soit la propriété de cet État membre ou d'une autorité locale ou régionale, ou qu'elle soit financée de façon significative par celui-ci ou l'une ou l'autre autorité ».
[142] Article 3 § 4.

convention[143]. Ce régime dérogatoire est à analyser dans la perspective du compromis entre les Etats importateurs et exportateurs. Ces questions liées au temps, compris dans ces différentes acceptions politiques et judiciaires, ne sont pas les seuls points litigieux entre les Etats. L'opposition des intérêts en cause se manifeste aussi dans la question de l'indemnisation de l'acquéreur, qui constitue la contrepartie naturelle de l'affirmation de l'obligation de restitution.

Section 2 : L'indemnisation de l'acquéreur de bonne foi, contrepartie de l'obligation de restitution

Le principe de la restitution a été contrebalancé dans l'économie générale des instruments relatifs à la restitution par le droit de l'acquéreur de bonne foi à voir la perte de son bien compensé par une indemnité. L'indemnisation participe ainsi du compromis entre les différentes tendances des droits internes : du point de vue des législations qui reconnaissent à l'acquéreur de bonne foi un véritable droit de propriété sur le bien, la restitution constitue une dérogation à un concept fondamental de leur droit, qui pour être acceptable au regard des objectifs moraux et politiques de la préservation du patrimoine culturel, ne doit être admis qu'à la stricte condition que l'acquéreur reçoive une indemnité, faute de quoi il serait spolié[144]. Par conséquent, la solution du paiement d'une indemnité équitable au possesseur ou détenteur de bonne foi, au moment de la restitution de l'objet, a été unanimement retenue dans les conventions à vocation universelle et les instruments de portée régionale. La restitution, qui favorise dans la balance des intérêts le propriétaire dépossédé sur l'acquéreur de bonne foi, est rendue plus acceptable par la référence expresse à l'indemnisation et constitue ainsi la contrepartie de l'affirmation de l'obligation de restitution. L'indemnisation de l'acquéreur du bien dépend toutefois de la preuve de l'existence de la bonne foi, qui, déclassée de sa valeur acquisitive, demeure une composante éthique importante dans les systèmes prévus par les conventions de l'UNESCO, d'Unidroit et la directive du Conseil de 1993 (§ 1). Une fois la preuve de la bonne foi apportée, il reste à déterminer l'étendue de l'indemnité. Le choix en faveur de l'indemnité « équitable » constitue la règle dans tous les

---

[143] Article 3 § 7 : « Par "collection publique", au sens de la présente Convention, on entend tout ensemble de biens culturels inventoriés ou autrement identifiés appartenant à : a) un Etat contractant ; b) une collectivité régionale ou locale d'un Etat contractant ; c) une institution religieuse située dans un Etat contractant ; ou d) une institution établie à des fins essentiellement culturelles, pédagogiques ou scientifiques dans un Etat contractant et reconnue dans cet Etat comme étant d'intérêt public ».

[144] Voir notamment sur la tradition de *favor commercii* dans les pays de tradition romano-germanique : Carducci (G.), *op. cit.*, p. 403, (cf. note 31).

instruments relatifs à la restitution et se révèle être une solution pragmatique permettant d'appréhender la spécificité de chaque espèce (§ 2).

§ 1 La réapparition de la bonne foi, condition nécessaire de l'indemnisation

La preuve de la bonne foi est une condition nécessaire à l'indemnisation de l'acquéreur du bien. Les critères déterminant la bonne foi ont été déterminés dans la convention de 1995, objectivant par la même occasion la notion même de bonne foi (A). De plus, l'objectif de moralisation du marché de l'art a conduit les rédacteurs des instruments internationaux à faire peser la charge de la preuve de la bonne foi sur l'acquéreur (B).

A. Vers une objectivisation des critères conventionnels de la bonne foi

On observe une attention croissante sur l'existence de la bonne foi dans les instruments internationaux, ce qui se traduit par l'établissement de critères susceptibles de la fonder de plus en plus détaillés. La solution la moins élaborée est celle retenue par la convention de 1970 qui prévoit à l'article 7 b) (ii) que « l'État requérant verse une indemnité équitable à la personne qui est acquéreur de bonne foi ou qui détient légalement la propriété de ce bien », sans définir ce qui est entendu par le concept bonne foi. Le commentaire fourni par Ridha Fraoua ne contient guère plus de précisions car il est affirmé qu'un acquéreur de bonne foi est celui qui « sans se rendre compte d'un vice juridique, agit contrairement au droit » [145]. L'effort d'harmonisation et d'unification des éléments de droit privé, et particulièrement de la bonne foi, n'a été que partiel dans la convention de 1970, dont l'objectif premier était d'atteindre un accord de principe sur une coopération internationale du point de vue publiciste. Bâtir un régime conventionnel détaillé sur l'acquisition *a non domino* aurait été peut être une tâche prématurée en 1970 [146]. Cette lacune touchant les aspects de droit privé de la problématique de la restitution a pu être comblée un quart de siècle plus tard, avec la directive et la convention d'Unidroit. On remarquera cependant que dans ces deux instruments, le concept de « diligence requise » [147] ou la condition de l'absence de connaissance, d'après le critère de ce qui est raisonnable, de l'origine illicite du bien [148], ont été préférés à la notion de bonne foi, sujette à des interprétations différentes dans les systèmes

---

[145] Fraoua (R.), *op. cit.*, p. 75, (cf. note 23).
[146] Carducci (G.), *op. cit.*, p. 429, (cf. note 31).
[147] Article 9 de la directive et article 4 § 1 de la convention de 1995.
[148] Article 4 § 1 de la convention de 1995.

juridiques internes. Mais comme le note Pierre Lalive, l'idée de bonne foi, sinon la formule est présente, et il s'agit en somme, d'une « bonne foi » spécifique à la matière des biens culturels[149].

La directive apporte quelques éléments supplémentaires par rapport à la convention de 1970 mais demeure assez succincte en matière de détermination de la bonne foi : la directive se borne à indiquer, dans son article 9 que « le tribunal compétent de l'État membre requis accorde au possesseur une indemnité qu'il estime équitable en fonction des circonstances du cas d'espèce, à condition qu'il soit convaincu que le possesseur a exercé la diligence requise lors de l'acquisition. ». Elle ne vise donc que les cas d'espèce et l'unique seuil adopté, celui de la diligence requise, demeure indéterminé au niveau communautaire. La diligence requise de l'acquéreur est par conséquent laissée à la seule appréciation du juge interne. On peut dès lors aisément imaginer que des conditions fondant la diligence requise dans un certain cas et devant les juridictions d'un Etat donné ne seront pas suffisantes ou diversement interprétées devant les juridictions d'un autre Etat. L'omission d'une définition autonome des critères fondant la bonne foi amplifie les risques de divergence dans l'interprétation de cette condition.

La convention d'Unidroit apparaît sur ce point plus aboutie : le travail de recherche de la bonne foi par le juge, dans le cas d'un bien volé est guidé par une double condition exprimée à l'article 4 § 1 : d'une part, la bonne foi est déterminée par l'ignorance de l'acquéreur de l'origine illicite du bien culturel, et d'autre part, l'acquéreur doit avoir agi « avec la diligence requise » lors de l'acquisition. En cas d'exportation illicite, le juge tiendra compte uniquement des circonstances de l'acquisition, notamment du défaut du certificat d'exportation requis par la législation de l'Etat requérant[150]. Il ressort de la comparaison de ces dispositions que la contrainte est plus forte en matière de vol puisque le critère de la « diligence requise » est exigé. L'article 4 § 4, en explicitant cette dernière notion, oriente les critères d'appréciation du juge qui voit, dès lors, son pouvoir discrétionnaire diminué. Il devra tenir compte « de toutes les circonstances de l'acquisition » et notamment[151] de la qualité des parties, du prix payé, de la consultation par le possesseur de tout registre relatif aux biens culturels volés raisonnablement accessible et de toute autre information et documentation

---

[149] Lalive d'Epinay (P.), *op. cit.*, p. 50 (cf. note 7).
[150] Article 6 § 2.
[151] L'adverbe « notamment » souligne le caractère non exhaustif de l'énumération contenue dans l'article 4 § 4.

pertinentes qu'il aurait pu raisonnablement obtenir et de la consultation d'organismes auxquels il pouvait avoir accès ou de toute autre démarche qu'une personne raisonnable aurait entreprise dans les mêmes circonstances. On ne peut à cet égard que regretter que la convention ne prévoit pas la création d'un fichier central international unique, qui aurait pu être administré par exemple par l'organisation internationale de police criminelle (ci-après Interpol)[152], celle-ci disposant déjà d'un fichier spécialisé sur les objets d'art volés. Il existe, en effet, une pluralité de bases de données spécialisées, notamment celui du *Art lost register* ou de l'*International Foundation for Art Research*. Certains ne sont d'ailleurs pas toujours accessibles au public.

La convention de 1995, avec les critères qui déterminent la bonne foi de l'acquéreur, guide le travail judiciaire et objective ainsi la notion de bonne foi. Reste à déterminer qui du revendiquant ou de l'acquéreur aura la charge de la preuve. La convention d'Unidroit, en attribuant la charge à l'acquéreur, s'inscrit dans la perspective inhérente aux instruments de protection des biens culturels de moralisation du marché de l'art.

B. La charge de la preuve sur l'acquéreur du bien culturel : une évolution nécessaire à la moralisation du marché de l'art

La convention de 1970 laisse aux Etats parties le soin d'élaborer les règles procédurales en matière de restitution, ceci étant aussi valable pour la détermination de la charge de la preuve. Au niveau communautaire, la directive prévoit que la charge de la preuve est régie par la loi du for de l'Etat requis[153], ce qui, tout comme pour la détermination de la bonne foi, est préjudiciable pour l'application uniforme de la directive. Ces solutions sont pour le moins contestables tant on connaît la nécessité de moraliser un marché qui ne brille pas par la transparence de ses transactions. La seule solution viable afin de lutter contre le trafic illicite des biens culturels est d'attribuer la charge de la preuve à l'acquéreur. En effet, si la sanction est le risque de devoir restituer le bien sans indemnité, les acquéreurs potentiels hésiteront à acheter un bien sans s'enquérir de la provenance de celui-ci, ce qui devrait décourager à terme le vol. Cette solution constitue néanmoins une dérogation aux droits de plusieurs systèmes dans lesquels la bonne foi est présumée, notamment en France dans le

---

[152] Grosse (L.), Jouanny (J.P.), « La protection du patrimoine culturel en vertu des instruments de l'UNESCO (1970) et d'UNIDROIT (1995) : la position d'INTERPOL», *Revue de droit uniforme / Uniform law review*, 2003, p. 579.
[153] Article 6 § 2.

cadre de l'article 2279 du code civil[154], et peut, par conséquent, représenter un obstacle majeur pour l'acceptation de cette règle par les Etats concernés. Toutefois, le principe général de la bonne foi, dans les nombreux systèmes qui la connaissent, impose à la partie qui n'a pas la charge de la preuve de collaborer avec cette dernière, lorsque les circonstances la rendent difficile pour la partie adverse[155]. De plus, le contentieux international de la restitution des biens culturels montre qu'une attention particulière est portée sur l'acquéreur, bien que sa bonne foi soit présumée. Dans l'affaire *Autocephalous Greek Orthodox Church of Cyprus versus Goldberg & Feldman Fine Arts* du 24 octobre 1990, dans laquelle la République de Chypre demandait la restitution de quatre mosaïques détachées de leur support dans une église du VIème siècle à Chypre, la cour d'appel américaine pour le 7ème circuit, affirma que l'acheteur « *did not contact the Republic of Cyprus or the TRNC (from one of whose lands she knew the mosaics had come); the Church of Cyprus; interpol; nor a single disinterested expert on Byzantine art (…) Goldberg could not claim valid title under the Swiss "good faith purchasers" notion having only made a cursory inquiry into the suspicious circumstances surrounding the sale of the mosaics* »[156]. De la même manière, dans l'affaire *Guggenheim versus Lubell* du 14 février 1991, où un tableau de Chagall fut volé au musée Guggenheim puis acheté de bonne foi, la cour d'appel de New York estima que la solution la plus opportune afin de lutter contre le trafic illicite de biens culturels était de conférer à l'acheteur la charge d'enquêter sur la provenance de l'objet d'art : « *holding that placing the burden of investigation on the wronged owner is inappropriate and that placing this burden upon the potential purchaser provides greater protection for the owner* »[157].

Malgré les obstacles dus à la présomption de la bonne foi dans certains systèmes, la convention d'Unidroit de 1995 affirme le principe de l'attribution de la charge de la preuve sur l'acquéreur[158]. Cette prise de position a suscité de nombreuses controverses et réactions hostiles de la part des milieux professionnels liés à au marché de l'art[159]. Mais, comme le note un expert du marché de l'art, « *the extra duty care introduced by the convention in a context*

---

[154] Article 2279 : « En fait de meubles, la possession vaut titre ».
[155] C'est notamment le cas du code civil suisse qui dispose à l'article 3.2 que « nul ne peut invoquer sa bonne foi, si elle est incompatible avec l'attention que les circonstances permettaient d'exiger de lui ».
[156] *Autocephalous Greek Orthodox Church of Cyprus versus Goldberg & Feldman Fine Arts*, United States Court of Appeals for the seventh circuit, 24 octobre 1990, *Federal Reporter 2d*, Volume 917, p. 278.
[157] *Solomon R. Guggenheim v. Lubell*, Court of Appeal of New York, 14 février 1991, *New York Reporter 2d*, volume 77, p. 311.
[158] Article 4 § 1.
[159] Lalive (P.), « Une convention internationale qui dérange », p. 181, (cf. note 1).

of compensation is no different from those obligations imposed on almost every section of commerce and industry in recent years in the name of health and safety or investment protection. The art market has been exempt from such obligation for too long. In any event, the duty of care remains within the balance of what is reasonable; it can be discharged by improved procedures backed by assurance»[160]. L'attribution de la charge de la preuve à l'acquéreur est de toute évidence le choix le plus opportun pour lutter efficacement contre le trafic illicite des biens culturels. Une fois la preuve de la bonne foi apportée, il reste à déterminer l'étendue de l'indemnité : or, sur ce point, tous les instruments internationaux ont opté pour le critère de « l'indemnité équitable ».

§ 2 L'appréciation du caractère équitable de l'indemnisation

L'équité en matière d'indemnisation est un principe flou retenu dans les principaux instruments internationaux en matière de restitution (A) et laissé à l'appréciation des autorités internes compétentes (B).

A. L'équité en matière d'indemnisation : un principe flou retenu dans les principaux instruments internationaux en matière de restitution

Le choix en faveur d'une indemnité équitable constitue la règle dans les conventions internationales de l'UNESCO [161] et d'Unidroit [162] ainsi qu'au niveau communautaire [163]. Cependant, aucun de ces instruments ne définit la donnée équitable de l'indemnité. Ce choix évite, en effet, la difficile détermination d'un mécanisme *ad hoc* qui aurait dû prendre en compte un nombre important de variables afin d'appréhender un maximum, voire idéalement la totalité des cas d'espèces. On citera comme exemples d'éléments pouvant fonder le caractère équitable de l'indemnité, le prix d'acquisition, la prise en compte de la variation du prix entre le moment de l'acquisition et le moment de la restitution, la prise en charge des frais de conservation, de restauration ou encore les coûts d'assurance... Un mécanisme *ad hoc*, inséré dans le texte d'un instrument international, aurait dû en outre être suffisamment malléable afin de permettre une combinaison d'éléments susceptibles de fonder le caractère équitable, mais, à l'opposé, les éléments constituant le caractère équitable de l'indemnité

---

[160] Somers Cocks (A.G.), *The art newspaper*, September 1995, n° 51, p. 26.
[161] Article 7 b) (ii).
[162] Article 4 § 1 et 6 § 1.
[163] Article 9 de la directive.

auraient dû être exprimés de telle manière que le juge n'ait pas une marge d'appréciation trop large afin de garantir une application relativement uniforme de la règle de l'équité. Ceci n'a été envisagé dans aucun des instruments internationaux relatifs à la restitution des biens culturels, car il a été considéré que la marge d'appréciation laissée au juge des circonstances de l'espèce serait préférable à une référence spécifique au prix payé ou à la valeur commerciale [164]. Il est par contre précisé que la personne redevable du paiement de l'indemnité est en principe le demandeur, ce qui ne porte pas atteinte au droit du demandeur d'en réclamer le remboursement à une autre personne [165], en principe au cédant pour le possesseur du bien volé ou illicitement exporté. Cette solution a été adoptée dans la convention d'Unidroit et la directive afin de ne pas décourager les demandeurs qui n'ont pas de ressources suffisantes pour payer l'indemnité au possesseur.

On peut néanmoins questionner le contenu de l'indemnité, évalué par rapport au principe d'équité. L'indemnisation est destinée de prime abord à dédommager le possesseur de la perte du bien. Ceci ne veut pour autant pas dire que l'indemnité couvre le prix du bien lors de son acquisition par le possesseur. En effet, la spéculation sur le marché de l'art[166] combinée aux insuffisances budgétaires, publiques ou privées, ne doit pas être sous-estimée dans l'appréciation du caractère équitable de l'indemnité. Le contentieux international en donne de nombreux exemples. Dans l'affaire *Kingdom of Spain v. Christie Ltd.* du 21 mars 1986[167], le tableau de Goya *La Marquesa de Santa Cruz* avait été vendu en 1983 au prix de 180 000 dollars, puis revendu pour 1 000 000 de dollars avant d'être finalement proposé au *Paul Getty Museum* pour 12 000 000 de dollars. Le propriétaire exigeait une indemnité égale au prix du tableau sur le marché international, ce que l'Etat espagnol n'était pas en mesure de donner. Manifestement, après la procédure contentieuse, un accord a pu être atteint avec une indemnité de 6 000 000 de dollars[168]. On peut également rappeler que dans le cadre de la nationalisation d'entreprises, la règle de droit international public invite le juge à appliquer la

---

[164] Secrétariat d'Unidroit, « Convention d'Unidroit : rapport explicatif », *op. cit.*, p. 519, (cf. note 34).

[165] Articles 4 § 3 et 6 § 4 de la convention d'Unidroit, article 11 de la directive.

[166] La spéculation sur le marché de l'art a atteint des proportions jamais atteintes jusqu'alors: à titre d'exemples, en 2004, le tableau de Pablo Picasso « le garçon à la pipe » avait été adjugé pour 104 100 000 dollars. Le record a été battu en juin 2006 pour le portrait d'Adèle Bloch-Bauer de Gustav Klimt, qui a été acquis pour 135 000 000 dollars par le magnat des cosmétiques Ronald Lauder.

[167] *Kingdom of Spain v. Christie Ltd., (Chancery Division)*, 21 mars 1986, The Weekly Law Reports 1986, p. 1123.

[168] Carducci (G.), *op. cit.*, p. 436, (cf. note 31).

notion d'indemnité équitable avec l'idée qu'il s'agit d'une somme inférieure, et parfois de beaucoup, à la valeur commerciale actuelle ou au prix effectivement payé[169].

Il reviendra aux autorités compétentes internes de déterminer l'indemnité équitable à verser au possesseur de bonne foi. Avec cette solution, les rédacteurs de la convention de l'UNESCO, d'Unidroit et de la directive ont voulu donner des garanties aux Etats défavorables au principe d'indemnisation.

B. L'appréciation de l'équité par les autorités de l'Etat requis : une garantie pour les Etats défavorables au principe d'indemnisation

Certains commentateurs ont prétendu que la convention d'Unidroit, et particulièrement son chapitre III sur le retour des biens culturels illicitement exportés, s'imposerait automatiquement et ne laisserait aucune possibilité d'appréciation au juge de l'Etat requis[170]. Pourtant, il semble que les sujets les plus intéressés, les Etats, ne soient pas de cet avis. Selon le ministère de la culture français, la convention comporte d'« importantes garanties que constituent (a) la compétence exclusive des juridictions françaises, sans contrôle international, pour toutes demandes présentées pour un bien culturel possédé en France (ou au domicile du possesseur s'il est en France) ; (b) la flexibilité de la convention marquée par des marges d'appréciation considérables »[171].

En effet, l'autorité interne requise, que ce soit dans le système de la convention d'Unidroit, de l'UNESCO ou la directive, aura la possibilité d'apprécier le caractère équitable de l'indemnité et par conséquent de fixer le *quantum* de celle-ci. Ceci constitue une garantie importante pour les Etats les plus défavorables au principe d'indemnisation mais risque à terme de créer des divergences dans l'appréciation de l'indemnité entre les Etats parties. Les pays de tradition de *common law* et notamment les Etats-Unis ne reconnaissent pas un droit à l'indemnisation puisque l'acheteur d'un objet volé, malgré sa bonne foi, est considéré comme n'ayant pas reçu un titre valable dès l'origine. Or, afin de garantir une acceptation la plus large possible de ces instruments, le principe du renvoi à l'autorité nationale requise semble avoir été la seule solution envisagée lors des conférences diplomatiques. Mais force est de

---

[169] Secrétariat d'Unidroit, « Commentaire du projet », *op. cit.*, p. 156, (cf. note 6).
[170] Lalive (P.), « Une convention qui dérange », *op. cit.*, p. 184, (cf. note 1).
[171] Note du ministère de la culture reproduite dans Lalive (P.), « une convention qui dérange », *op. cit.*, p. 185.

constater que les questions d'interprétation ne peuvent trouver de solutions devant les tribunaux ou organes juridictionnels nationaux. Ces organes, malgré leurs efforts pour interpréter les normes internationales d'une manière cohérente, en tenant compte de leur fonction d'harmonisation des systèmes et du caractère international des situations que ces textes régissent, ne peuvent pas toujours le faire entièrement, car liés par des conceptions et des méthodes d'interprétation nationales et traditionnelles [172]. Il aurait été envisageable d'établir un recours auprès d'un comité établi par Unidroit, afin de réévaluer l'indemnité dont le caractère équitable serait contesté par une partie au litige. Cette solution aurait eu l'avantage de garantir un certain degré d'uniformité, et d'affiner les critères concourant à la notion d'équité en matière d'indemnisation. Cependant, la solution d'Unidroit, de l'UNESCO et de la directive vient tout de même assurer la certitude d'une règle uniforme. L'acquéreur d'un bien bénéficie désormais d'une indemnité qui n'était pas jusqu'alors pas garantie dans de nombreux Etats. Même si elle est déterminée dans les marges d'une appréciation *in concreto* par les autorités compétentes de l'Etat requis, il n'en demeure pas moins qu'elle est certaine, ce qui représente déjà un progrès majeur.

L'évaluation de la mise en œuvre de l'obligation juridique de restitution passe par l'examen du droit d'exercice de la restitution comme nous venons de le voir, mais aussi par l'analyse de son effectivité sur un plan pratique. Celle-ci dépend fondamentalement du degré d'acceptation de cette obligation par les Etats concernés qui se mesure par le nombre de signatures lors de la clôture des conférences diplomatiques mais aussi, et surtout par l'adhésion, c'est-à-dire l'expression par l'Etat de son consentement à être lié.

---

[172] Voulgaris (I.), « Les principaux problèmes soulevés par l'unification du droit régissant les biens culturels », *Revue de droit uniforme / Uniform law review*, 2003, p. 548.

CHAPITRE 2 : L'EFFECTIVITE REDUITE DE L'OBLIGATION DE RESTITUTION DES BIENS CULTURELS EN CAS DE TRAFIC ILLICITE

La crédibilité de tout instrument international dépend de son efficacité intrinsèque, ce que nous avons analysé dans la première partie relative à l'affirmation conventionnelle de l'obligation de restitution des biens culturels en cas de trafic illicite, mais en dernière analyse et pour une part importante, de l'ampleur de l'acceptation par les Etats. Si les Etats sont prompts à participer aux négociations, ils sont, de manière générale, beaucoup plus réticents à exprimer leur consentement à être lié par l'instrument international qu'ils ont par ailleurs pu signé auparavant lors de la clôture de la conférence diplomatique. Ceci est d'autant plus vrai dans le domaine de la coopération culturelle. Ainsi, les traités de l'UNESCO et d'Unidroit dont l'ambition est de recevoir un consentement universel, n'ont pas pour le moment atteint cet objectif. Ceci se vérifie plus particulièrement avec la convention d'Unidroit, mais qui, contrairement à sa devancière, peut se prévaloir d'un jeune âge. Au niveau régional et bilatéral, les Etats semblent s'engager plus facilement, notamment au sein de l'Union européenne et sur le continent américain. La première section sera donc consacrée au défaut d'universalisme de l'obligation de restitution des biens culturels en cas de trafic illicite. Face à ces blocages et à la permanence du trafic illicite et des contentieux relatifs aux transferts de certains biens culturels, il a été nécessaire d'établir des procédures alternatives à la restitution à proprement parler. Ceci fera l'objet de la deuxième section.

Section 1 : L'absence d'adhésion universelle à l'obligation de restitution des biens culturels en cas de trafic illicite

L'analyse de la pratique en matière d'adhésion des Etats à l'obligation de restitution tend à distinguer deux situations : d'une part, on remarque que les conventions à vocation universelle que sont les conventions de 1970 et de 1995, peinent à susciter de la part des Etats, et surtout des Etats importateurs, une adhésion pleine (§ 1). D'autre part, au niveau régional et au niveau bilatéral, les Etats offrent moins de résistance quant à l'engagement formel, nécessaire à l'effectivité de l'obligation de restitution des biens culturels en cas de trafic illicite (§ 2).

§ 1 Le défaut d'universalisme des conventions de l'UNESCO de 1970 et d'Unidroit de 1995

Bien que la convention de l'UNESCO de 1970 ne puisse prétendre à l'universalisme, elle a acquis une valeur symbolique forte (A), alors que la convention d'Unidroit de 1995, qui est indiscutablement un outil juridique efficace pour lutter contre le trafic illicite, souffre du peu d'adhésion qu'elle suscite de la part des Etats (B).

A. La portée symbolique forte de la convention de l'UNESCO de 1970

La convention de l'UNESCO de 1970 est la première convention universelle dont l'objectif est de lutter contre le trafic illicite. Elle représente la première pierre significative de l'édifice juridique de lutte contre le trafic illicite de biens culturels. Elle vise à rendre à obligatoire des principes qui étaient en partie contenus dans la recommandation adoptée par la conférence générale à sa treizième session à Paris le 19 novembre 1964[173]. Si le passage de la recommandation à la convention a pour effet d'augmenter la portée normative des obligations comme l'interdiction de l'exportation d'objets dépourvus de certificat autorisant leurs sorties[174], l'importation et l'achat d'objets volés dans un musée ou une institution publique d'un Etat contractant et d'une manière générale l'interdiction de l'importation[175], l'exportation et le transfert de propriété des biens culturels effectués contrairement à la convention[176], les oppositions entre les Etats importateurs et exportateurs ont eu pour effet, lors de la conférence diplomatique, d'insérer des références à la législation nationale des Etats contractants[177], ce qui naturellement a engendré des écarts importants dans l'application de la convention. Peut être la tâche des rédacteurs de la convention de l'UNESCO fut trop grande, ou les Etats, en 1970, n'étaient pas prêts à s'engager dans une convention permettant de régler les problèmes essentiels de droit privé, car la convention demeure lacunaire sur les questions d'acquisition *a non* domino, d'indemnisation de l'acquéreur de bonne foi, ou encore les questions procédurales. La convention de l'UNESCO, ne permet pas d'atteindre les buts visés de lutte contre le trafic illicite puisque le cœur du trafic illicite ne se situe pas sur le terrain publiciste de la coopération interétatique mais sur le terrain du droit privé : celui des contrats

---

[173] Recommandation concernant les mesures à prendre pour interdire et empêcher l'exportation, l'importation et le transfert de propriété illicites des biens culturels, 19 novembre 1964.
[174] Article 6.
[175] Article 7.
[176] Article 3.
[177] Prott (L.V.), O'Keefe (P.J.), *op. cit.*, p. 727, (cf. note 20).

de vente et du transfert de propriété à un acquéreur de bonne foi. Si la convention de 1970 comporte des lacunes évidentes pour être un instrument juridique efficace, elle n'en demeure pas moins un texte international dont la portée symbolique reste forte dans la mesure où elle est celle qui a recueilli le plus d'adhésions de la part des Etats parmi les instruments relatifs à la restitution des biens culturels en cas de trafic illicite. Le degré d'acceptation par les Etats de la convention peut s'analyser d'un double point de vue : d'un point de vue quantitatif, avec le nombre de ratifications, mais aussi d'un point de vue qualitatif. Or, avec 110 Etats parties[178] rassemblant majoritairement des Etats exportateurs, la convention de 1970 ne peut prétendre à un caractère universel. Pour autant, la majeure partie des Etats influents sur le marché de l'art est partie à la convention. On citera, à titre d'exemples, les Etats-Unis, le Canada, le Japon, le Royaume-Uni, la France et la Suisse. L'Allemagne est le seul Etat influent à n'avoir ni signé ni ratifié la convention. D'un point de vue qualitatif, si un Etat décide de s'engager conventionnellement mais déclare en même temps soit qu'il exclut purement et simplement certaines dispositions de la convention ou qu'il entend prêter à certaines dispositions, en ce qui le concerne, une signification particulière et acceptable pour lui, il en ressort que la portée de la convention est affaiblie par défaut d'uniformité dans l'application de celle-ci entre les Etats ayant émis des réserves ou des déclarations interprétatives et ceux qui n'en ont pas émis dans leur instrument de ratification. La convention a souffert d'un certain morcellement par le jeu des réserves et des déclarations interprétatives. Ainsi, l'impact de la ratification en 1972 de la convention par les Etats-Unis a été amoindri par une série d'*understandings* qui ont eu pour effet de restreindre considérablement le champ d'application de la restitution dans le cadre de l'article 13[179].

Reste que la convention, par le nombre relativement important d'Etats parties et malgré des faiblesses intrinsèques importantes, demeure la pierre centrale de l'édifice conventionnel de lutte contre le trafic illicite de biens culturels. Elle représente surtout un consensus exprimant la volonté de la communauté internationale en la matière et lui assurant une valeur symbolique forte. Ceci est notamment illustré par la décision du *Bundesgerichthof* de 1972 dans l'affaire des masques du Nigeria dans laquelle le juge de cassation allemand affirma que la convention de l'UNESCO, bien qu'elle ne fût pas en vigueur en Allemagne, représentait néanmoins un consensus international témoignant d'une nouvelle conception de

---

[178] Nombre d'Etats parties au 01/07/06.
[179] Prott (L.V.), O'Keefe (P.J.), *op. cit.*, p. 794, (cf. note 20).

l'ordre public, à l'égard de la protection du patrimoine culturel, de nature à s'imposer au juge du for[180]. La convention de 1970 demeure le noyau dur du droit conventionnel en la matière, tant que la convention de 1995, qui se révèle être un outil juridique efficace pour lutter contre le trafic illicite, ne recueille pas une adhésion suffisamment large de la communauté interétatique.

B. La convention d'Unidroit de 1995 : un outil juridique efficace mais peu ratifié

S'apercevant que la convention de 1970 ne permettait pas par sa nature même et sur le terrain juridique sur lequel elle se plaçait, d'atteindre les buts visés, l'UNESCO commanda dès 1985 des études de faisabilité d'une convention à Unidroit. Entre mai 1990 et octobre 1993, quatre sessions de comités d'experts se sont réunies sous la présidence de Pierre Lalive, et à la conclusion de la quatrième, le projet de la convention fut adopté. Puis à la demande d'Unidroit, le gouvernement italien convoqua une conférence diplomatique en vue de l'adoption de la convention, qui le fut le 24 juin 1995. La convention d'Unidroit de 1995 est ainsi le fruit d'une longue maturation intellectuelle et de multiples travaux préparatoires. Le résultat est pour le moins probant : d'un point de vue juridique, les rédacteurs de la convention d'Unidroit ont réussi à dégager une solution sans équivoque et équilibrée, apte *a priori* à dénouer les conflits de lois et les antagonismes qui se présentaient à eux. De plus, la convention crée dans le marché de l'art une sécurité juridique et une prévisibilité bien supérieure à ce qui existe aujourd'hui : les propriétaires, publics ou privés, sont mieux protégés contre le risque du vol et les marchands et directeurs de musées consciencieux verront diminuer l'incertitude juridique en même temps qu'ils auront moins à souffrir de la concurrence déloyale provenant d'opérateurs peu scrupuleux. Enfin, pour lutter contre le trafic illicite des biens culturels, la solution adoptée par la convention d'Unidroit, dérogatoire du droit commun de certains Etats, est la seule capable d'endiguer un phénomène qui a pris des proportions inquiétantes ces dernières années. Les rédacteurs ont pris soin de ne pas commettre les mêmes erreurs qu'avec la convention de 1970 et c'est ainsi que la convention de 1995 précise que seules les réserves admises par la convention sont possibles[181]. Une clause d'*opting out* de l'un des deux volets de la convention a aussi été exclue afin d'assurer l'uniformité de la convention. Si cette solution marque une prise de position forte de la

---

[180] *Nigerian objets d'art export case*, 22 juin 1972, Entscheidungen des Bundesgerichtshofs in Zivilsachen, *International Law Reports*, pp. 226-229.
[181] Article 18.

convention dans la lutte contre le trafic illicite de biens culturels, elle est aussi susceptible de susciter la défiance de certains Etats importateurs. Cette approche qualitative des rédacteurs de la convention a aujourd'hui un effet quantitatif sur le nombre d'Etats parties : seulement 27 Etats ont signé la convention et 16 Etats l'ont ratifiée. Sur ces 16 Etats, seule l'Italie représente une part importante des transactions sur le marché international de l'art. Il faut dire que la convention souffre depuis son élaboration de campagnes hostiles de la part de lobbies influents représentant certains milieux du marché de l'art[182].

Il est peut être un peu tôt pour dire si la convention d'Unidroit a péché par optimisme, d'autant plus que les Etats semblent avoir besoin de temps pour prendre conscience de la nécessité d'adhérer à ce type d'instrument. Le cas de la convention de 1970 est à cet égard emblématique : depuis 1995 soit 25 ans après sa signature, pas moins de 30 Etats, et 4 parmi les plus influents sur le marché de l'art[183] ont ratifié cette convention. Espérons que les Etats soient plus réactifs avec la convention d'Unidroit, car le temps joue en la faveur des trafiquants de tout acabit et c'est le patrimoine culturel qui pâtit de cet attentisme. Les résistances des Etats à l'échelon universel ne les empêchent cependant pas de s'engager à un niveau inférieur : ainsi, à l'échelon régional et bilatéral, on constate des efforts pour lutter contre le trafic illicite et permettre la restitution des biens culturels illicitement acquis.

§ 2 Des obstacles politiques atténués au niveau bilatéral et régional

Au niveau des relations interétatiques bilatérales, un nombre important de conventions concernant la restitution des biens culturels en cas de trafic illicite a été conclu (A). Au niveau régional, les tentatives pour rendre effective la restitution de biens culturels illicitement acquis sont contrastées (B).

A. Le développement des conventions bilatérales concernant la restitution des biens culturels en cas de trafic illicite

Outre les conventions à vocation universelle de l'UNESCO et d'Unidroit, il existe un nombre important de conventions bilatérales contenant une obligation de restitution des biens culturels en cas de trafic illicite, notamment entre des Etats du continent américain. Cette

---

[182] Lalive (P.), « Une convention qui dérange », *op. cit.*, p. 187, (cf. note 1).
[183] La France le 07/01/1997, le Japon le 09/09/2002, le Royaume-Uni le 01/08/2002 et la Suisse le 03/10/2003.

concentration géographique de conventions bilatérales s'explique notamment par le fait que ce continent a été le théâtre d'un trafic de masse de biens culturels d'origine précolombienne[184]. D'une part, on trouve les traités conclus entre les Etats-Unis et d'autres Etats américains, respectivement le Mexique[185], le Pérou[186], l'Equateur[187] et le Guatemala[188] concernant la restitution des biens volés. Ces conventions ne prévoient d'actions judiciaires qu'en dernier ressort. A titre d'exemple, l'article 3 du traité de coopération entre les Etats-Unis d'Amérique et le Mexique autorise « *the attorney general to institute judicial proceedings only if the requested Party cannot otherwise effect the recovery and return of a stolen archaeological, historical or cultural property located within its territory* ». A l'heure actuelle, des négociations ont été entamées sur le fondement de ce traité mais aucune action judiciaire n'a été entreprise[189]. Et d'autre part, il existe des traités entre le Mexique et des Etats latino-américains, respectivement le Guatemala[190] et le Pérou[191]. Ces traités portent sur les deux aspects du trafic illicite : le vol et l'exportation illicite et prévoient une procédure de restitution par la voie diplomatique[192].

Le rôle des Etats-Unis dans le développement de ces conventions bilatérales instituant une obligation de restitution des biens culturels volés ou illicitement exportés est remarquable, dans la mesure où ils ont conclu des traités sur le continent américain mais aussi sur d'autres continents comme l'Europe avec notamment avec l'Italie ou Chypre, l'Afrique par le biais d'un traité de coopération avec le Mali, ou encore l'Asie avec le Cambodge. Il existe, en outre, une série de traités bilatéraux entre l'Espagne et le Royaume-Uni, le Brésil, la Grèce, le Venezuela et l'Equateur[193], dont l'objet est de renforcer la coopération culturelle entre ces Etats mais aussi de lutter contre le trafic illicite. L'article 10 de la *Cultural convention* de 1960 entre le Royaume-Uni et l'Espagne dispose ainsi que « *the contracting*

---

[184] Odendahl (K.), *op. cit.*, p. 178, (cf. note 8).
[185] *Treaty of cooperation between the USA and the United Mexican States providing for the recovery and return of stolen archaeological, historical, and cultural properties*, 17 juillet 1970.
[186] *Agreement between the USA and the Republic of Peru for the recovery and return of stolen archaeological, historical and cultural properties*, 15 septembre 1981.
[187] *Agreement between the USA and the Republic of Ecuador for the recovery and return of stolen archaeological, historical and cultural properties*, 17 novembre 1983.
[188] *Agreement between the USA and the Republic of Guatemala for the recovery and return of stolen archaeological, historical and cultural properties*, 21 mai 1984.
[189] Sherry (J.E.), « U.S legal mechanisms for the repatriation of cultural property: evaluating strategies for the successful recovery of claimed national patrimony », *The George Washington International Law Review*, 2005/37, p. 520.
[190] *Convenio de proteccion y restitucion de monumentos arqueologicos, artisticos e historicos*, 31 mai 1975.
[191] *Convenio de proteccion y restitucion de benes arqueologicos, artisticos e historicos*, 15 octobre 1975.
[192] Prott (L.V.), O'Keefe (P.J.), *op. cit.*, p. 671, (cf. note 20).
[193] Prott (L.V.), O'Keefe (P.J.), *op. cit.*, p. 668.

government undertake to maintain close cooperation between their administrations with the object of preventing and suppressing illegal traffic in works of art, documents and other objects of historic value ».

Ces conventions bilatérales marquent la volonté des Etats et plus particulièrement des Etats-Unis de coopérer dans la lutte contre le trafic illicite mais de ne pas s'engager d'une manière générale et *a priori*, bien qu'ils soient parties à la convention de 1970. Ils semblent préférer des accords ayant un champ d'application déterminé et circonscrit *ratione loci* et *materiae* selon les différents cas d'espèce.

B. Des tentatives contrastées au niveau régional

Au niveau du continent américain, l'OEA, qui rassemble 35 Etats[194], s'est intéressée dès 1969 aux questions de coopération culturelle et a mis en place un programme régional pour le développement culturel. En septembre 1970, le comité interaméricain pour la culture adopta la résolution 38 en vue de préparer une convention sur la protection du patrimoine culturel. Le projet de convention sur la défense du patrimoine archéologique, historique et artistique des nations américaines a été adopté le 16 juin 1976 par l'assemblée générale de l'OEA dans sa résolution 210[195]. Cette convention est fortement inspirée par la convention de l'UNESCO de 1970. Ainsi, l'article 2 reprend les grandes lignes de la définition des biens culturels de la convention de 1970[196] et l'article 11 de la convention de l'OEA prévoit un mécanisme de restitution des biens culturels par la voie diplomatique, tout comme la convention de 1970[197]. Cependant, cette convention n'a pas rencontré le succès escompté et seulement 13 Etats latino-américains l'ont ratifiée[198]. L'absence des Etats-Unis et du Canada,

---

[194] Nombre d'Etats parties au 1/07/2006.
[195] AG/RES. 210 (VI-O/76).
[196] Article 2 : *« The cultural property referred to in the preceding article is that included in the following categories: a) Monuments, objects, fragments of ruined buildings, and archaeological materials belonging to American cultures existing prior to contact with European culture, as well as remains of human beings, fauna, and flora related to such cultures; b) Monuments, buildings, objects of an artistic, utilitarian, and ethno-logical nature, whole or in fragments, from the colonial era and the Nineteenth Century; c) Libraries and archives; incunabula and manuscripts; books end other publications, iconographies, maps and documents published before 1850; d) All objects originating after 1850 that the States Parties have re-corded as cultural property, provided that they have given notice of such registration to the other parties to the treaty; e) All cultural property that any of the States Parties specifically declares to be included within the scope of this convention. »*
[197] Article 16: *« When the government of a State Party becomes aware of the unlawful exportation of an item of cultural property, it may address the government of the state to which the property has been removed, requesting that it take measures for its recovery and return. This shall be done through diplomatic channels. The re-quest shall be accompanied by evidence of the unlawful removal of the property in question, in accordance with the laws of the requesting state. This evidence shall be considered by the state petitioned. »*
[198] Nombre d'Etats parties au 1/07/2006.

c'est-à-dire les acteurs les plus importants du marché de l'art sur le continent américain, font que cette convention, à l'heure actuelle a plus un intérêt théorique que pratique.

Le *Commonwealth* est une association de 53 Etats indépendants ayant fait partie au cours de leur histoire de l'Empire britannique. Cette organisation a adopté en novembre 1993 lors de la conférence des ministres de la justice de cette association réunis à Maurice, le *Scheme for the Protection of cultural heritage within the Commonwealth*. Il établit une procédure de restitution des biens culturels volés et illicitement exportés. Ainsi, comme le note Patrick O'Keefe, « *the provisions of the scheme govern the return by one Commonwealth country of an item of cultural heritage found within its jurisdiction following export from another Commonwealth country contrary to its laws* »[199]. Cependant, il souffre d'une double faiblesse. Intrinsèque, puisqu'il n'a aucune valeur obligatoire. Il constitue néanmoins un cadre pour la coopération culturelle entre les Etats du *Commonwealth*. Et extrinsèque, dans la mesure où le Royaume-Uni n'est pas signataire de cet accord[200].

A l'échelon européen, le Conseil de l'Europe et l'Union européenne se sont attelés à la question du trafic illicite et au mécanisme de la restitution avec des fortunes pour le moins diverses. En effet, le Conseil de l'Europe a pris l'initiative d'une convention européenne sur les infractions visant les biens culturels, qui a été adoptée à Delphes le 23 juin 1985 par le comité des ministres. Le titre IV de cette convention est destiné à la restitution des biens culturels « après avoir été enlevés du territoire d'une autre Partie à la suite d'une infraction visant des biens culturels commise sur le territoire d'une Partie ». Elle demeure néanmoins floue sur les questions procédurales et n'évoque pas le problème central de l'acquisiteur de bonne foi. De plus, elle n'entrera probablement jamais en vigueur dans la mesure où, en 20 ans d'existence, seulement 6 Etats ont signé la convention, mais aucun d'entre eux ne l'a ratifiée[201]. L'Union européenne a élaboré un dispositif efficace de lutte contre le trafic illicite de biens culturels constitué par la directive du 15 mars 1993 et le règlement du 9 décembre 1992[202]. Ces deux dispositifs ont une place extrêmement importante dans l'arsenal juridique de lutte contre le trafic illicite de biens culturels car le règlement est

---

[199] O'Keefe (P. J.), « Mauritius Scheme for the Protection of Material Cultural Heritage », *International Journal of Cultural Property*, 1994/3, p. 295.
[200] Shyllon (F.) « The recovery of cultural objects by African States through the UNESCO and UNIDROIT Conventions and the role of arbitration », *Revue de droit uniforme / Uniform Law Review*, 2000, p. 240 : l' *Attorney-General* déclara que « *it could not at present join it, citing, inter alia, difficulties arising from placing bureaucratic burdens on its large art trade.* »
[201] Nombre d'Etats parties au 1/07/2006.
[202] Règlement (CEE) n° 3911/92 du Conseil, du 9 décembre 1992, concernant l'exportation de biens culturels.

directement applicable sur le territoire de l'Union européenne et la directive a été transposée dans tous les Etats membres[203]. Ainsi, l'effectivité de l'obligation de restitution en Europe est due à l'intégration institutionnelle propre à l'Union européenne. Dans les autres régions du globe, l'obligation juridique de restitution des biens culturels n'est guère effective. Quand les instruments juridiques prévoyant cette obligation existent, le manque de volonté des Etats d'y adhérer est flagrant. On ne peut dès lors qu'être surpris par les conclusions que tiraient, dès 1978, les experts du comité *ad hoc* mis en place par l'ICOM pour étudier les questions liées à la restitution des biens culturels, selon lesquels l'obligation de restitution est une obligation de *jus cogens*[204]. D'autres auteurs affirment, d'une manière certes plus nuancée mais de notre point de vue tout aussi surprenante, la valeur coutumière de cette obligation[205]. Le développement des conventions internationales et autres instruments normatifs va certes dans le sens d'une reconnaissance progressive de l'importance de la préservation du patrimoine culturel, de la lutte contre le trafic illicite, et par ce biais, de l'obligation de restitution des biens culturels illicitement acquis, mais force est de constater qu'une obligation n'est effective qu'à partir du moment où elle est acceptée. Or, comme nous l'avons montré, certains Etats, et non des moindres sur le marché de l'art, sont réticents à s'engager formellement. De surcroît, on ne peut que constater le développement parallèle d'instruments alternatifs à la restitution des biens culturels, ce qui ne va guère dans le sens d'une affirmation coutumière de l'obligation de restitution.

Section 2 : le développement des procédés alternatifs à la restitution des biens culturels

La consécration juridique de l'obligation de restitution s'est accompagnée parallèlement d'un développement des procédés alternatifs à celle-ci. En effet, l'affirmation conventionnelle de l'obligation juridique de restitution n'ayant pas été relayée par une mise en application par les Etats, il a été nécessaire de pallier cette insuffisance par le déploiement

---

[203] Siehr (K.), « A special regime for cultural objects in Europe », *Uniform law review*, 2003, p. 556.
[204] Comité ad hoc désigné par le conseil exécutif d'ICOM, « Etudes relatives aux principes, conditions et moyens de la restitution ou du retour des biens culturels en vue de la reconstitution des patrimoines dispersés », *Museum*, 1979/31, pp. 62-63.
[205] Siehr (K.), « International art trade and the law », *R.C.A.D.I.*, 1993/243, p. 120 ou encore Freytag (C.), « Cultural Heritage : Rückgabeansprüche von Ursprungsländern auf „ihr" Kulturgut ? », p. 189, *in* Fechner (F.), Oppermann (T.), Prott (L.V.) (eds), *Prinzipien des Kulturgüterschutzes*, Berlin, Dunckler & Humblot, 1996, qui nuance néanmoins son affirmation, en limitant une éventuelle valeur coutumière de l'obligation de restitution aux seuls biens d'une importance culturelle ou religieuse significative, ainsi qu'aux biens détachés d'un monument et dont la localisation n'a de sens que s'ils se trouvent dans leurs lieux originels. (« *Soweit es sich um sog. Bodenständiges Kulturgut handelt, das wie Teile von Bauwerken oder Gegenstände von besonderer religiöser oder symbolischer Bedeutung nur an seinem Herkunftsort sinnvoll genutzt werden kann, befindet sich diese Entwicklung schon in fortgeschrittenerem Stadium* »).

de procédés auxiliaires. La 33ème session de la conférence générale de l'UNESCO, qui s'est tenue le 25 août 2005 illustre parfaitement cette tendance : lors de celle-ci, une « stratégie pour faciliter la restitution des biens culturels volés et illicitement exportés » a été mise en place. Si la première mesure envisagée est d'« encourager et faciliter la tâche des États membres qui souhaitent devenir parties à la Convention de l'UNESCO, la Convention d'Unidroit et le Protocole relatif à la Convention de La Haye de 1954 pour la protection des biens culturels en cas de conflit armé et entendent les mettre en œuvre efficacement », toutes les autres mesures préconisées relèvent de procédés alternatifs à la restitution. Il s'agit entre autres d'« aider les États membres, sur leur demande, à réviser et renforcer leur législation » ou d'« encourager les contributions à la base de données de l'UNESCO sur la législation relative au patrimoine culturel », ou encore de promouvoir le Fonds du Comité intergouvernemental pour la promotion ou l'application au niveau national de la norme *Object ID* [206]. Ainsi, sur les 11 mesures préconisées, une seule est liée à la consolidation de l'obligation juridique de restitution des biens culturels. Il faut néanmoins garder à l'esprit qu'au-delà de l'imposition d'obligations juridiques, l'effectivité des mécanismes de restitution passe une collaboration accrue des Etats avec les organisations internationales et non-gouvernementales compétentes. Les capacités techniques, financières et humaines de certains Etats ne permettant pas une mise en œuvre effective de la lutte contre le trafic illicite, celle-ci doit inévitablement passer par la voie d'une coopération internationale accrue. Celle-ci se déploie sur deux plans : celui de la prévention du trafic illicite de biens culturels (§1) et celui de la négociation, par la recherche de mécanismes *ad hoc* suppléant à la restitution à proprement parler (§2).

§ 1 La prévention du trafic illicite des biens culturels

La prévention du trafic illicite des biens culturels se manifeste de deux manières : les organisations internationales intergouvernementales et non-gouvernementales jouent un rôle important d'information auprès des acteurs du marché de l'art (A) et assistent les Etats dans la mise en place de politiques de protection des biens culturels (B).

---

[206] *Stratégie pour faciliter la restitution de biens culturels volés ou exportés illicitement*, adopté à la 33ème session de la conférence générale de l'UNESCO, 25 août 2005, (33C/46), pp. 2-3.

A. Le rôle d'information des organisations intergouvernementales et non-gouvernementales

Les organisations intergouvernementales et non-gouvernementales sont actives dans la promotion des codes de déontologie (1) et la collecte d'informations (2).

1. La promotion des codes de déontologie de l'ICOM et de l'UNESCO

Le Conseil international des musées est une organisation-non-gouvernementale qui regroupe des professionnels des musées de toutes les disciplines et de 147 pays différents. Créé en 1946, l'ICOM aborde en général les problèmes du vol et du trafic illicite des biens culturels par le biais de mesures préventives. L'ICOM a pris une part active dans la lutte contre le trafic illicite et sa prévention en publiant, dès 1970, son éthique des acquisitions. L'ICOM a principalement pour mission de contribuer à l'élaboration d'une éthique professionnelle, et sa plus grande réalisation à ce jour réside probablement dans l'établissement et la promotion d'une série bien définie de règles de déontologie réunies au sein d'un code à l'intention des professionnels des musées. Il a été mis au point et adopté lors de sa 15ème Assemblée générale, réunie à Buenos-Aires puis dernièrement révisé par la 21ème Assemblée générale à Séoul le 8 octobre 2004. L'influence de ce code se traduit par le fait que, dans les pays industrialisés, beaucoup de musées ont élaboré et adopté des codes de conduite concernant l'acquisition de biens culturels, lesquels sont souvent inspirés du Code de déontologie professionnelle[207]. De plus, en adhérant à l'organisation, les membres s'engagent à respecter ledit code. Il établit à l'intention des musées et des professionnels des musées en général une série de règles concernant, en particulier, l'acquisition et le transfert de collections. Il recommande, en outre, de privilégier l'acquisition directe et insiste pour que le musée qui jugerait devoir passer par un ou plusieurs intermédiaires pour faire une acquisition, procède toujours dans le respect des lois et des intérêts du pays d'origine.

L'idée d'un code de déontologie a été reprise par l'UNESCO pour régir les activités des négociants en biens culturels, ce qui a pour effet d'élargir le champ d'influence de ces

---

[207] Askerud (P.), Clement (E.), *La Lutte contre le trafic illicite des biens culturels: guide pour la mise en oeuvre de la Convention de l'UNESCO de 1970*, Paris, UNESCO, 2000, (CLT.2000/WS/6), p. 50.

codes à une constellation quasi complète des acteurs du marché de l'art. Adopté par le Comité intergouvernemental pour la promotion du retour des biens culturels à leur pays d'origine ou de leur restitution en cas d'appropriation illégale au cours de sa dixième session, en janvier 1999 et approuvé par la 30ème Conférence générale de l'UNESCO en novembre de la même année, le code impose notamment aux négociants professionnels en biens culturels de s'abstenir « d'importer ou d'exporter de tels biens ou d'en transférer la propriété lorsqu'ils ont des motifs raisonnables de penser que le bien concerné a été volé, qu'il a été aliéné illicitement, qu'il provient de fouilles clandestines ou qu'il a été exporté illicitement »[208]. Bien que dépourvu de toute valeur obligatoire, ces codes ont un impact certain, malgré les oppositions de certains milieux du marché de l'art[209], et se révèlent être un moyen efficace de lutter contre le trafic en informant les acteurs du marché de l'art et en les incitant à se comporter d'une manière scrupuleuse dans la recherche de l'origine du bien. Celle-ci est notamment facilitée par la multiplication ces dernières années des sources d'information sur les biens culturels volés et illicitement exportés.

2. La collecte d'informations sur les biens culturels volés et illicitement exportés

La prévention du trafic illicite passe aussi par le biais de la publicité des biens culturels volés ou illicitement exportés, dans la mesure où il sera difficile pour le trafiquant de revendre un bien illicitement acquis, s'il a fait l'objet d'une diffusion intense. A cet égard, on ne peut que regretter le phénomène de dispersion des sources d'informations disponibles. On compte de nombreux organismes diffusant ce type d'informations qui se distinguent tant par leur nature que par le nombre de biens culturels recensés. Ainsi, il existe plusieurs organismes privés comme le *International Foundation for Art Research* basé aux Etats-Unis ou encore le *Art Loss Register* au Royaume-Uni. Mais c'est surtout Interpol qui joue un rôle prédominant dans la collecte d'informations sur les biens culturels volés et illicitement exportés. Dès que le vol est perpétré, les services locaux de police commencent leur enquête et si la valeur artistique des objets paraît le nécessiter, le bureau central du pays peut transférer le signalement de l'objet à Interpol, ce qui permet aux autres polices nationales d'être avisées, le plus rapidement possible, des vols commis et donc d'entreprendre leurs recherches avec le

---

[208] Article 1 du code de déontologie pour les négociants en biens culturels.
[209] Lefebvre-Naré (F.), Cornu (M.), Riviere (D.), *Evaluation des actions de l'UNESCO en matière de lutte contre le trafic illicite de biens culturels: rapport final*, Paris, UNESCO, (IOS/EVS/PI/52), p. 18.

maximum de succès[210]. L'organisation comptabilise plus de 20 000 objets volés, ce qui certes n'est vraisemblablement pas exhaustif, mais constitue la plus grande base de données à ce jour[211]. Interpol pourrait légitimement administrer un fichier central international unique afin de collecter le maximum d'informations et les diffuser aux personnes intéressées qui disposeraient, dès lors, d'un outil fiable et tendant vers l'exhaustivité. La collecte d'informations a été facilitée par le développement d'une norme internationale unique de description d'objets culturels, qui a pris la dénomination d'*object ID*. Le projet *Object ID* fut créé sur l'initiative du *J. Paul Getty Trust* en 1993 et la norme fut lancée en 1997. Son utilisation est encouragée et promue par des agences de maintien de l'ordre comme le *Federal Bureau of Investigation, Scotland Yard*, et par des organisations internationales comme l'UNESCO, Interpol, les musées, par les organisations-non-gouvernenmentales comme l'ICOM ou encore les compagnies d'assurance. Enfin, l'ICOM agit préventivement en diffusant des listes d'objets particulièrement recherchés classés par zone géographique[212]. Outre ce rôle d'information, les organisations intergouvernementales et non-gouvernementales jouent un rôle important dans la mise en œuvre de politiques de protection du patrimoine culturel.

B. L'assistance des organisations intergouvernementales et non-gouvernementales dans la mise en œuvre de politiques de protection du patrimoine culturel

Les organisations intergouvernementales et non-gouvernementales assistent les Etats dans la réalisation d'inventaires et de listes de biens culturels (1) ainsi que dans la mise en œuvre de normes internes de protection de ces biens (2).

1. La réalisation d'inventaires et de listes de biens culturels

L'existence d'inventaires est déterminante dans la définition des biens culturels et leur protection. Un inventaire contient pour chaque objet les principales informations nécessaires à la gestion des collections, y compris les précisions indispensables pour en déterminer les

---

[210] Peletan (S.), *op. cit.*, p. 294, (cf. note 209).
[211] Nombre d'objets inclus dans le DVD « *Stolen works of art* » diffusé par Interpol.
[212] Il existe trois « listes rouges » : une pour l'Afrique, pour l'Amérique latine et enfin pour l'Irak. Site internet visité le 1/07/2006 (http://icom.museum/redlist/).

responsables et en assurer la sécurité. Les fiches d'inventaire indiquent le nom des objets, l'endroit où ils sont placés, leur lieu d'origine, leur numéro d'inventaire, leur description, leur histoire brièvement retracée, les matériaux qui les composent et leurs dimensions, ainsi que des références permettant de trouver de plus amples informations à leur sujet. Si les inventaires nationaux ont pour but de recenser tous les biens considérés, les listes sont quant à elles beaucoup moins complètes[213]. La tenue d'inventaire est une obligation prescrite par la convention de l'UNESCO qui revêt une importance particulière eu égard au mécanisme de restitution (voir *supra* p.38). Le champ d'application *ratione materiae* de l'obligation de restitution est en effet limité aux seuls biens inscrits sur l'inventaire « d'un musée ou d'une institution similaire ». Cette obligation est renforcée par l'article 5, qui appelle tous les Etats à « établir et tenir à jour, sur la base d'un inventaire national de protection, la liste des biens culturels importants, publics et privés, dont l'exportation constituerait un appauvrissement sensible du patrimoine culturel national ». Plusieurs Etats ont d'ailleurs, lors des conférences diplomatiques, critiqué cette obligation qui paraissait être disproportionnée par rapport aux moyens des Etats concernés, à savoir les pays économiquement pauvres mais riches en biens culturels[214]. En effet, de trop nombreux Etats et établissements n'ont pas d'inventaires ou alors ceux-ci sont loin d'être complets. Afin de permettre la réalisation de ces inventaires lorsque l'Etat n'a pas les capacités budgétaires nécessaires, il peut demander l'assistance des organisations compétentes. Ainsi, il est possible de faire appel à l'UNESCO, qui peut, en vertu de l'article 17 de la convention de 1970, leur apporter un concours technique afin de les aider à effectuer cet inventaire. Le Mali a par exemple bénéficié de cette possibilité. Des efforts ont été aussi réalisés par l'ICOM, qui a créé en son sein le comité international pour la documentation (CIDOC) dont la mission est d'aider les musées à établir leurs inventaires, étape indispensable à la sécurité des collections. C'est également ce comité et ses groupes de travail qui élaborent des normes, le vocabulaire ainsi que la terminologie adaptés à la gestion, la recherche, l'exposition et la conservation des objets. C'est en s'appuyant sur ces travaux que les musées africains ont publié en 1996, dans le cadre du programme de l'ICOM pour le continent africain (AFRICOM), un manuel de standardisation des inventaires. La politique de prévention passe aussi par l'assistance technique des organisations compétentes dans la mise en place de normes internes de protection.

---

[213] Askerud (P.), Clement (E.), *op. cit.*, p. 37, (cf. note 207).
[214] Fraoua (R.), *op. cit.*, p. 63, (cf. note 23).

2. L'assistance technique dans la mise en œuvre de normes internes de protection

Les normes établies dans les conventions internationales de protection du patrimoine culturel n'ont aucune incidence pratique si elles ne sont pas mises en œuvre au niveau interne. Il s'agit pour les Etats concernés de mettre en place une législation de protection ainsi que des institutions susceptibles de veiller à la bonne application de ces normes. Or, certains Etats n'ont pas les capacités humaines et financières pour mettre en place un tel dispositif. Face à ces problèmes, l'UNESCO a mis en place une politique d'assistance aux Etats afin d'élaborer des législations performantes de protection des biens culturels. Le cas du Cambodge illustre parfaitement ce que fait l'UNESCO dans ce domaine : elle a organisé des ateliers de travail en 1992 afin de soutenir la mise en place par les autorités cambodgiennes de mesures de protection dans les sites archéologiques victimes de pillage, notamment sur le site d'Angkor et dans d'autres temples éloignés. De plus, l'organisation s'est attelée à pérenniser le dispositif de protection mis en place en formant le personnel : des stages de formation ont ainsi été organisés pour les fonctionnaires, douaniers et policiers[215]. Ces dernières années, l'UNESCO a fourni une assistance technique à plusieurs pays, parmi lesquels l'Afrique du Sud, l'Érythrée, le Gabon, le Laos, les Maldives, le Maroc, la Namibie, le Népal, le Niger, la Roumanie et la Russie, en vue de l'élaboration de leur législation nationale[216].

La mise en place d'un système de contrôle des exportations et des importations constitue l'autre volet déterminant de l'assistance technique des organisations internationales. Il est évident qu'un système efficace de contrôle des exportations et des importations des biens culturels est susceptible de diminuer le trafic de ces biens. C'est dans cette optique que l'organisation mondiale des douanes et l'UNESCO ont élaboré un modèle de certificat d'exportation des biens culturels, qui est destiné à faciliter la tâche des différents Etats et des autorités douanières dans la lutte contre le trafic illicite. La communauté des Etats et les organisations intergouvernementales et non-gouvernementales ont mis en place, en amont, un dispositif conséquent de prévention du trafic illicite afin de compléter le mécanisme conventionnel de restitution des biens culturels. Mais pour pallier le manque d'effectivité de

---

[215] Clement (E.), Segurola (A.), « les instruments du droit international public pour la protection des biens culturels », p. 98, *in* Mezghani (N.), Cornu (M.) (eds), *Intérêt culturel et mondialisation – les aspects internationaux*, Paris, l'Harmattan collection droit du patrimoine culturel et naturel, 2004, tome II.
[216] Askerud (P.), Clement (E.), *op. cit.*, p. 34, (cf. note 207).

l'obligation de restitution, il a été nécessaire de rechercher par la voie de la négociation des solutions alternatives.

§ 2 La recherche négociée de solutions alternatives à l'obligation juridique de restitution des biens culturels

La recherche négociée de solutions alternatives à l'obligation juridique de restitution des biens culturels se déroule à deux niveaux : l'UNESCO a créé un organe dont l'objet est de promouvoir le retour des biens culturels à leur pays d'origine ou leur restitution en cas d'appropriation illégale (A), et sur un plan bilatéral, les Etats ont développé les accords d'échange, de prêt ou de dépôt, qui se révèlent être des solutions intéressantes dans le cas où la restitution s'avère difficile (B).

A. Une réponse institutionnelle : le comité intergouvernemental pour la promotion du retour des biens culturel à leur pays d'origine ou de leur restitution en cas d'appropriation illégale

En 1976, un Comité d'experts réuni sous les auspices de l'UNESCO à Venise, avait étudié en détail la question de la restitution ou du retour des biens culturels perdus soit du fait d'une occupation étrangère ou coloniale, ou en cas d'un trafic illicite préalable à l'entrée en vigueur, pour les États concernés, de la Convention de 1970. Soulignant l'absence de mécanismes internationaux, les experts avaient invité le directeur général de l'UNESCO à envisager la création d'un organe international chargé de faciliter les négociations bilatérales pour la restitution ou le retour de biens culturels et d'encourager les pays intéressés à conclure des accords à cet effet. C'est ainsi que le Comité intergouvernemental pour la promotion du retour de biens culturels à leur pays d'origine ou de leur restitution en cas d'appropriation illégale fut créé, en tant qu'organe intergouvernemental permanent, par la Conférence générale de l'UNESCO lors de sa 20ème session, en 1978. Les 22 membres du Comité[217] sont élus parmi les États membres de l'UNESCO, selon les critères de la « représentation géographique équitable et la règle du roulement approprié »[218], par un renouvellement par

---

[217] Ils étaient initialement 20, une modification des statuts portant le nombre de membre à 22 est intervenue lors de la 28ème session de la conférence générale de l'UNESCO par la résolution 28 C/22.
[218] Article 2 du statut Comité intergouvernemental pour la promotion du retour de biens culturels à leur pays d'origine ou de leur restitution en cas d'appropriation illégale.

moitié lors d'élections qui ont lieu tous les deux ans à l'occasion de la Conférence générale. Le Comité se réunit, par ailleurs, tous les deux ans. Cependant, tout Etat membre de l'UNESCO qui n'est pas membre du comité ou tout Etat associé concerné par une offre ou une demande de restitution peut être invité aux réunions traitant de cette offre ou demande mais sans droit de vote[219]. De plus, les organisations internationales intergouvernementales et non-gouvernementales peuvent aussi participer aux réunions dans les conditions déterminées par le comité[220]. Le comité, de nature consultative[221], est chargé entre autres de « rechercher les voies et moyens de faciliter les négociations bilatérales pour la restitution et le retour des biens culturels » et de « promouvoir la coopération multilatérale et bilatérale en vue de la restitution et du retour des biens culturels à leur pays d'origine »[222]. Son champ d'application est large, en ce qu'il peut être saisi de toute demande relative aux biens culturels entendus comme « les objets et documents historiques et ethnographiques, y compris les manuscrits, les objets des arts plastiques et décoratifs, les objets paléontologiques et archéologiques et les spécimens de zoologie, de botanique et de minéralogie », et son champ d'application *ratione temporis* n'est pas limité, ce qui se révèle être une solution très intéressante pour les Etats qui demandent la restitution d'objets acquis avant l'entrée en vigueur des conventions relatives à la restitution, qui, comme nous l'avons déjà signalé ne sont pas rétroactives (voir *supra* p. 58). Les capacités du comité ont été progressivement renforcées, notamment en novembre 1999, avec la création du « Fonds du Comité intergouvernemental pour la promotion du retour de biens culturels à leur pays d'origine ou leur restitution en cas d'appropriation illégale » par la Conférence générale de l'UNESCO réunie à sa 30ème session. Ce fonds alimenté par les contributions volontaires des États et des partenaires privés vise à appuyer les États membres dans leurs efforts pour lutter efficacement contre le trafic illicite de leurs biens culturels, particulièrement sur la vérification des objets culturels par des experts, leur transport, les frais d'assurance ainsi que la mise en place d'installations permettant de les exposer dans de bonnes conditions, et la formation de professionnels des musées des pays d'origine. Cependant, le dernier rapport en date du Comité fait état d'un manque de volonté flagrant des

---

[219] Article 4 § 1 du statut.
[220] Article 4 § 4 du statut.
[221] Article premier du statut.
[222] Article 4 du statut.

Etats puisque le fonds n'a été alimenté qu'une seule fois par la Grèce pour un montant quelque peu dérisoire[223].

Malgré ces améliorations, l'efficacité du Comité a été extrêmement limitée par son mandat jusqu'en 2005 et la modification de celui-ci, dans la mesure où il ne pouvait que « faciliter » les négociations, ce qui résumait son rôle aux bons offices. Face à cette faiblesse intrinsèque dont a résulté l'échec relatif du comité en matière de restitution de biens lui étant directement imputables[224], il a été décidé, lors de la 33ème Conférence générale de l'UNESCO d'octobre 2005 de lui conférer de nouveaux pouvoirs en ajoutant les fonctions de conciliation et de médiation à son mandat[225]. La médiation suppose l'intervention d'un tiers pour réunir les parties à un différend et les aider à trouver une solution, tandis que dans le cadre d'une conciliation, les parties concernées acceptent de soumettre leur différend à un organe constitué pour que celui-ci enquête et s'efforce de parvenir à un règlement. Dans les deux cas, les parties au différend doivent accepter de participer à la médiation ou à la conciliation. Contrairement à l'arbitrage et aux décisions judiciaires, la conciliation et la médiation n'ont pas un caractère contraignant et ne constituent pas des moyens judiciaires de règlement des différends. On ne peut qu'espérer que ces modifications du mandat permettent au comité de remplir son rôle et d'accroître le nombre de demandes de saisine du comité. En effet, il est aujourd'hui seulement saisi de deux affaires : l'une concernant l'affaire des marbres du Parthénon entre la Grèce et le Royaume-Uni, et l'autre concernant le Sphinx de Bosguskoy entre l'Allemagne et la Turquie[226]. Les Etats semblent pour le moment préférer le cadre des relations bilatérales afin de chercher des solutions négociées et alternatives à la restitution.

---

[223] Rapport du Comité intergouvernemental pour la promotion du retour de biens culturels à leur pays d'origine ou de leur restitution en cas d'appropriation illégale sur ses activités (2004-2005), et sur sa treizième session, (33 C/REP 15), 23 août 2005, p. 6. Il fait état d'un don de 29 242 euros.

[224] Lefebvre-Naré (F.), Cornu (M.), Rivière (D.), *op. cit.*, p. 24, (cf. note 209).

[225] Résolution 33C/44. L'article 4 § 1 a ainsi été modifié : « (…) À cet égard, le Comité peut également soumettre aux États membres concernés des propositions en vue d'une médiation ou d'une conciliation, étant entendu que la médiation suppose l'intervention d'un tiers pour réunir les parties à un différend et les aider à trouver une solution, tandis que dans le cadre d'une conciliation, les parties concernées acceptent de soumettre leur différend à un organe constitué pour que celui-ci enquête et s'efforce de parvenir à un règlement, sous réserve que tout financement supplémentaire nécessaire provienne de sources extrabudgétaires. Afin d'exercer ces fonctions de médiation et de conciliation, le Comité peut se doter d'un règlement intérieur approprié. Le résultat du processus de médiation et de conciliation n'a pas de caractère obligatoire pour les États membres concernés, de sorte que s'il n'aboutit pas à la résolution d'un problème, le Comité demeure saisi de celui-ci, comme de toute autre question non résolue qui lui aura été soumise ».

[226] Rapport du Comité intergouvernemental pour la promotion du retour de biens culturels à leur pays d'origine ou de leur restitution en cas d'appropriation illégale sur ses activités (2004-2005), et sur sa treizième session, *op. cit.*, p. 2, (cf. note 223).

B. Les mécanismes *ad hoc* de substitution à la restitution : les accords d'échange, de prêt, et de dépôt

Les accords d'échange, de prêt ou de dépôt constituent une alternative intéressante et fréquemment utilisée par les Etats à la restitution des biens culturels. La différence principale entre les accords de prêt et de dépôt est que le premier permet de mettre à disposition un bien culturel pour une courte durée, tandis que le second est conclu pour une durée supérieure. Ces accords présentent l'avantage commun de donner partiellement satisfaction à l'Etat demandeur qui obtient le bien, sans pour autant que sa revendication antérieure sur le bien soit admise et sans surtout qu'il le détienne de façon définitive[227]. En effet, le prêt ou le dépôt supposent que l'Etat demandeur renonce à prétendre à un titre initial de propriété sur le bien pour négocier un compromis avec l'Etat qui détient le bien. Ceci est parfaitement illustré par l'affaire des archives coréennes de la bibliothèque nationale de France. Les manuscrits Oe-kyujanggak datant de la dynastie Chosun avaient été saisis par la France en 1866 à titre de contre-mesures par la France. En 1991, la République de Corée en demanda la restitution ce qui aboutit, deux années plus tard, à un accord de prêt dont la particularité est d'être symétrique : la France s'engagea à prêter ses manuscrits et la Corée des ouvrages anciens des collections coréennes de valeur équivalente[228].

Les accords sont tous négociés par rapport au cas d'espèce : on trouve des accords qui prévoient le transfert de propriété à l'Etat demandeur, faisant ainsi suite à la requête de celui-ci, mais aussi le dépôt immédiat de l'objet dans les collections de l'Etat possesseur. Ceci a notamment été le cas lors de l'affaire des statuettes du Musée du Quai Branly. Trois objets Nok et Sokoto du Nigeria ayant fait l'objet d'un trafic illicite avaient été acquis pour 450 000 € à des marchands d'art par la France en vue de faire partie des collections du musée du quai Branly. Les sculptures Nok étaient pourtant inscrites sur la liste rouge d'objets de l'ICOM. En janvier 2002, la France et le Nigéria sont parvenus à un accord reconnaissant la propriété du Nigéria sur les sculptures et autorisant le dépôt des objets dans les collections permanentes du musée du quai Branly pendant une période renouvelable de 25 ans. Ainsi, tous les accords sont négociés selon le principe du *quid pro quo*, les Etats cherchant avant tout une solution

---

[227] Coulée (F.), *op. cit.*, p. 88, (cf. note 53).
[228] Voir le rapport du comité intergouvernemental pour la promotion du retour de biens culturels à leur pays d'origine ou leur restitution en cas d'appropriation illégale, 12ème session, 25-28 mars 2003, CLT-2003/CONF 204.2, p. 2.

leur permettant de bénéficier d'avantages mutuels. Les exemples d'accords sans contreparties sont rarissimes : à titre d'exemple, le comité pour la restitution de l'UNESCO fait état, dans son 12ème rapport, de la restitution en décembre 1992 d'une tête de Bouddha provenant de la Pagode de Jinan, aux autorités chinoises à l'initiative du Maître bouddhiste Sheng Yen à qui la sculpture avait été confiée[229].

Ces expédients peuvent se révéler être des succédanés intéressants lorsque la restitution s'avère être impossible. Les marbres découpés du Parthénon par Lord Elgin en 1799, puis vendus et exposés au *British Museum*, font l'objet depuis 1830 d'un litige entre la Grèce et le Royaume-Uni dont l'issue semble pour le moins bloquée et il paraît, dans ces circonstances, peu probable que les procédés classiques de restitution soient d'une quelconque aide. Si ces solutions sont susceptibles de maintenir la frustration de l'Etat d'origine[230], elles ouvrent néanmoins la porte à des relations apaisées de coopération entre les Etats, propices à de futurs échanges culturels. Elles devraient être privilégiées pour les cas d'objets transférés avant l'entrée en vigueur des conventions internationales.

---

[229] Un autre exemple reproduit dans Warring (J.), « Underground debates: the fundamental differences of opinion that thwart Unesco's progress in fighting the illicit trade in cultural property », *Emory International Law Review*, Spring 2005, p. 395, fait état en octobre 2003 d'une restitution volontaire du musée Carlos de l'Université d'Emory aux Etats-Unis à l'Egypte concernant une momie dont on suppose qu'elle contient les restes du Pharaon Ramsès Ier.
[230] Goy (R.), *op. cit.*, p. 977, (cf. note 8).

CONCLUSION

L'ampleur du trafic illicite des biens culturels couplée à la complexité et la diversité des réglementations des biens culturels, a rendu nécessaire l'unification et l'harmonisation de certains aspects des règles régissant les transactions internationales les concernant et notamment celles concernant la restitution. Les tentatives de réglementation de la restitution des biens culturels en cas de vol ou d'exportation illicite ont été concrétisées par les trois principaux instruments que sont la convention de l'UNESCO de 1970, la directive du Conseil de l'Union européenne de 1993 et enfin la convention d'Unidroit de 1995. Ce *corpus* juridique est au moins le signe de la volonté des acteurs de l'ordre juridique international de lutter contre le trafic illicite, si ce n'est le résultat de l'affirmation progressive de l'obligation de restitution des biens culturels dans l'ordre juridique international. Ceci est un succès appréciable tant la matière est tiraillée entre des intérêts antagoniques visant la protection du patrimoine culturel national et la promotion des échanges culturels. Les questions principales du vol et de l'exportation illicite ont été résolues en tenant compte de la diversité des intérêts et des réglementations de *common law* et de droit romano-germanique dont les solutions sont radicalement opposées, par la restitution du bien et l'indemnisation de l'acquéreur de bonne foi. Les questions de mise en œuvre de l'obligation de restitution des biens culturels ont été en partie abordées dans les instruments internationaux pertinents mais une marge d'appréciation conséquente est laissée aux Etats, ce qui peut être préjudiciable pour l'application uniforme des règles contenues dans les instruments relatifs à la restitution. Il aurait été concevable d'inclure un système juridictionnel ou quasi-juridictionnel intégré, notamment dans la convention d'Unidroit, afin d'éviter l'interprétation divergente des notions contenues dans les conventions. Mais l'effectivité accrue apportée par ce système juridictionnel intégré aurait très probablement été contrecarrée par l'hostilité de certains Etats influents sur le marché de l'art, d'autant plus que le système actuel peine à susciter une adhésion pleine de la part des Etats. En effet, la dernière convention en date en matière de restitution des biens culturels, celle d'Unidroit, se révèle être un instrument juridique efficace dans la lutte contre le trafic illicite des biens culturels, mais trop peu ratifié par les Etats pour être véritablement effective.

Le désir des juristes d'aller plus loin dans l'harmonisation des procédures et des notions se heurte aux considérations pragmatiques des Etats. Le système actuel est le fruit d'un compromis fragile nécessitant une adhésion accrue des Etats et donc du temps pour rendre véritablement effective la restitution des biens culturels en cas de trafic illicite.

BIBLIOGRAPHIE

Ouvrages

CARDUCCI (G.), *La restitution internationale des biens culturels et des objets d'art – droit commun, directive CEE, conventions de l'Unesco et d'UNIDROIT*, Paris, L.G.D.J., 1997, 482 p.

FECHNER (F.), OPPERMANN (T.), PROTT (L.V.) (eds), *Prinzipien des Kulturgüterschutzes – Ansätze im deutschen, europäischen und internationalem Recht*, Berlin, Duncker & Humblot, 1996, 307 p.

FRAOUA (R.), *Le trafic illicite des biens culturels et leur restitution*, Fribourg, Editions universitaires Fribourg Suisse, 1985, 279 p.

ODENDAHL (K.), *Kulturgüterschutz – Entwicklung, Struktur und Dogmatik eines ebenenübergreifenden Normensystems*, Tübingen, Mohr Siebeck, 2005, 724 p.

O'KEEFE (P.J.), PROTT (L.V.), *Law and the cultural heritage – Discovery and excavation*, Oxon, Professional books limited, 1984/1, 433 p.

O'KEEFE (P.J.), PROTT (L.V.), *Law and the cultural heritage – Movement*, London, Butterworths, 1989/3, 1049 p.

REICHELT (G.) (ed.), *Neues Recht zum Schutz von Kulturgut*, Vienne, Manz Verlag, 1997, 174 p.

TURNER (S.), *Das Restitutionsrecht des Staates nach illegaler Ausfuhr von Kulturgütern – Eigentumsordnung und völkerrechtliche Zuordnung*, Berlin, Walter de Gruyter, 2002, 303 p.

Articles

ABD EL WAHED (M.), « The 1995 Unidroit convention on stolen or illegally exported cultural objects: a view from Egypt », *Revue de droit uniforme / Uniform law review*, 2003, pp. 529-540.

BLAKE (J.), « On defining the cultural heritage », *International and comparative law quarterly*, 2000/49, pp. 61-85.

CARDUCCI (G.), « L'obligation de restitution des biens culturels et des objets d'art en cas de conflit armé : droit coutumier et droit conventionnel avant et après la convention de la Haye de 1954 », *R.G.D.I.P.*, 2000/2, pp. 289- 357.

CLEMENT (E.), « Le concept de responsabilité collective de la communauté internationale pour la protection des biens culturels dans les conventions et recommandations de l'UNESCO », *Revue belge de droit international*, 1993/2, pp. 534-551.

CLEMENT (E.), SEGUROLA (A.), « les instruments du droit international public pour la protection des biens culturels », pp. 77- 120, *in* MEZGHANI (N.), CORNU (M.) (eds), *Intérêt culturel et mondialisation – les aspects internationaux*, Paris, l'Harmattan collection droit du patrimoine culturel et naturel, 2004, tome II.

COULEE (F.), « Quelques remarques sur la restitution interétatique des biens culturels sous l'angle du droit international public », *R.G.D.I.P.*, 2000/2, pp. 359-392.

FOX (C.), « The UNIDROIT convention on stolen or illegally exported cultural objects: an answer to the world problem in illicit trade of cultural property », *The American University journal of international law and policy*, 1993/9, pp. 225-267.

FREYTAG (C.), « Cultural Heritage : Rückgabeansprüche von Ursprungsändern auf „ihr" Kulturgut ? », pp. 175-200, *in* FECHNER (F.), OPPERMANN (T.), PROTT (L.V.) (eds), *Prinzipien des Kulturgüterschutzes*, Berlin, Dunckler & Humblot, 1996.

FRIGO (M.), « Cultural property versus cultural heritage, a battle of concepts in international law », *Revue internationale de la croix rouge*, 2004/86, pp. 367-378.

GOY (R.), « Le retour et la restitution des biens culturels à leur pays d'origine en cas d'appropriation illégale », *R.G.D.I.P.*, 1979/4, pp. 962-985.

GROSSE (L.), JOUANNY (J.P.), « La protection du patrimoine culturel en vertu des instruments de l'UNESCO (1970) et d'UNIDROIT (1995) : la position d'INTERPOL», *Revue de droit uniforme / Uniform law review*, 2003, pp. 575-580.

JAYME (E.), « Globalization in art law: clash of interests and international tendencies », *Vanderbilt Journal of Transnational Law*, October 2005, pp. 929-945.

KOWALSKI (W.), « Restitution of works of art pursuant to private and public international law », *R.C.A.D.I.*, 2001/288, pp. 17-228.

KRINZINGER (F.), « Schutz von archäologischem Kulturgut – Betrachtungen zur Kontextarchäologie », pp. 45-54, *in* REICHELT (G.) (ed.), *Neues Recht zum Schutz von Kulturgut*, Vienne, Manz Verlag, 1997.

LALIVE (P.), « Une convention internationale qui dérange : la convention UNIDROIT sur les biens culturels », *in* DUPUY (R.J.), SICILIANOS (L.A.) (eds), *Mélanges en l'honneur de Nicolas Valticos*, Paris, A. Pedone, 1999, pp. 177-188.

LALIVE (P.), « Patrimoine culturel national ou patrimoine culturel commun », pp. 365-379, *in* HAFNER (G.), BÖCKSTIEGEL (K.H.) (eds), *Liber amicorum Professeur Ignaz Seidl-Hohenveldern in honour of his 80th Birthday*, La Haye, Kluwer, 1998.

LALIVE d'EPINAY (P.), « Une avancée du droit international : la Convention de Rome d'UNIDROIT sur les biens culturels volés ou illicitement exportés », *Revue de droit uniforme / Uniform Law Review*, 1996/1, pp. 40-58.

MASTALIR (R.W.), « A proposal for protecting the cultural and the property aspects of cultural property under international law », *Fordham international law journal*, 1992-1993/16, pp. 1033-1093.

MERRYMAN (J.H.), « Two ways of thinking about cultural property », *A.J.I.L.*, 1986/4, pp. 831- 853.

O'KEEFE (P. J.), « Mauritius Scheme for the Protection of Material Cultural Heritage », *International Journal of Cultural Property*, 1994/3, pp. 295-300.

OKERE (O.), « International regulation of the return and restitution of cultural property », *Revue Héllenique de Droit International*, 1987-1988, pp. 141-158.

PELETAN (S.), « la protection juridique internationale des biens culturels », *Revue de la recherche juridique, droit prospectif*, 1998/1, pp. 245-300

PHUONG (C.), « The protection of Iraqi cultural property », *International and comparative law quarterly*, 2004/53, pp. 985-998.

PROTT (L.V.), « Le projet de convention d'Unidroit dirige l'attention sur les acheteurs », *Museum*, 1991/172, pp. 221-223.

PROTT (L.V.), « UNESCO and UNIDROIT: a Partnership against Trafficking a Cultural Objects », *Revue de droit uniforme / Uniform Law Review*, 1996/1, pp. 59-71.

PROTT (L.V.), « Restitutionspolitik der UNESCO in Zusammenarbeit mit Museen », pp. 157-162, *in* REICHELT (G.) (ed.), *Neues Recht zum Schutz von Kulturgut*, Vienne, Manz Verlag, 1997.

REICHELT (G.), « Kulturgüterschutz und Internationales Privatrecht », *Praxis des Internationalen Privat- und Verfahrensrecht*, 1986/6, pp. 73-75.

SEIDL-HOHENVELDERN (I.), « La protection internationale du patrimoine culturel national », *R.G.D.I.P.*, 1993/2, pp.395- 409.

SHERRY (J.E.), « U.S legal mechanisms for the repatriation of cultural property: evaluating strategies for the successful recovery of claimed national patrimony », *The George Washington International Law Review*, 2005/37, pp. 511-535.

SHYLLON (F.) « The recovery of cultural objects by African States through the UNESCO and UNIDROIT Conventions and the role of arbitration », *Revue de droit uniforme / Uniform Law Review*, 2000, pp. 219-241.

SHYLLON (F.), « Private law beyond markets for goods and services: the example of cultural objects », *Revue de droit uniforme / Uniform law review*, 2003, pp. 511- 527.

SIEHR (K.), « International art trade and the law », *R.C.A.D.I.*, 1993/243, pp. 9-292.

SIEHR (K.), « Die EG-Richtlinie von 1993 über die Rückgabe von Kulturgütern und der Kunsthandel », pp.29-43, *in* REICHELT (G.) (ed.), *Neues Recht zum Schutz von Kulturgut*, Vienne, Manz Verlag, 1997.

SIEHR (K.), « A special regime for cultural objects in Europe », *Revue de droit uniforme / Uniform law review*, 2003, pp. 551-563.

VOULGARIS (I.), « Les principaux problèmes soulevés par l'unification du droit régissant les biens culturels », *Revue de droit unifrome / Uniform law review*, 2003, pp. 541-550.

WARRING (J.), « Underground debates: the fundamental differences of opinion that thwart Unesco's progress in fighting the illicit trade in cultural property », *Emory International Law Review*, Spring 2005, pp. 328 – 401.

WYSS (M. P.), « Rückgabeansprüche für illegal ausgeführte Kulturgüter – Überlegungen zu einem kulturpolitischen Ordre public », pp. 201- 221., *in* FECHNER (F.), OPPERMANN (T.), PROTT (L.V.) (eds), *Prinzipien des Kulturgüterschutzes*, Berlin, Dunckler & Humblot, 1996.

ZELLIG (J.M.), « Recovering Iraq's cultural property: what can be done to prevent illicit trafficking », *Brooklyn journal of international law*, 2005/31, pp. 289-323.

Conventions internationales

Traité concernant la protection des institutions artistiques et scientifiques et des monuments historiques, (Pacte Roerich). Washington, 15 avril 1935.

Protocole à la convention pour la protection des biens culturels en cas de conflit armé, La Haye, 14 mai 1954.

Treaty of cooperation between the USA and the United Mexican States providing for the recovery and return of stolen archaeological, historical, and cultural properties, 17 juillet 1970.

Convention UNESCO concernant les mesures à prendre pour interdire et empêcher l'importation, l'exportation et le transfert de propriété illicites des biens culturels, Paris, 14 novembre 1970.

Convenio de proteccion y restitucion de monumentos arqueologicos, artisticos e historicos, entre le Mexique et le Guatemala, 31 mai 1975.

Convenio de proteccion y restitucion de benes arqueologicos, artisticos e historicos, entre le Mexique et le Pérou, 15 octobre 1975.

Convention sur la défense du patrimoine archéologique, historique et artistique des nations américaines, San Salvador, 16 juin 1976.

Agreement between the USA and the Republic of Peru for the recovery and return of stolen archaeological, historical and cultural properties, 15 septembre 1981.

Agreement between the USA and the Republic of Ecuador for the recovery and return of stolen archaeological, historical and cultural properties, 17 novembre 1983.

Agreement between the USA and the Republic of Guatemala for the recovery and return of stolen archaeological, historical and cultural properties, 21 mai 1984.

Convention européenne sur les infractions visant les biens culturels, Delphes, 23 juin 1985.

Convention UNIDROIT sur les biens culturels volés ou illicitement exportés, Rome, 24 juin 1995.

Résolutions de l'Assemblée générale des Nations unies

Résolution 3187 (XXVIII) sur la restitution des oeuvres d'art aux pays victimes d'expropriation, 18 décembre 1973.

Instruments normatifs de l'Union Européenne

Règlement (CEE) n° 3911/92 du Conseil, du 9 décembre 1992, concernant l'exportation de biens culturels.

Directive 93/7/CEE du Conseil de l'Union Européenne relative à la restitution de biens culturels ayant quitté illégalement le territoire d'un État membre, 15 mars 1993.

Recommandations de l'UNESCO

Recommandation définissant les principes internationaux à appliquer en matière de fouilles archéologiques, 5 décembre 1956.

Recommandation concernant les mesures à prendre pour interdire et empêcher l'exportation, l'importation et le transfert de propriété illicites des biens culturels, 19 novembre 1964.

Recommandation concernant l'échange international de biens culturels, 26 novembre 1976.

Documents de l'UNESCO

FRAOUA (R.), *Convention concernant les mesures à prendre pour interdire et empêcher l'importation, l'exportation et le transfert de propriété illicites des biens culturels, Paris, 1970; commentaires et aperçu de quelques mesures nationales d'exécution*, Paris, UNESCO, 1986, (CC.86/WS/40), 123 p.

Comité intergouvernemental pour la promotion du retour de biens culturels à leur pays d'origine ou la restitution en cas d'appropriation illégale, *Guide pour l'utilisation du « formulaire type pour les demandes de retour ou de restitution »*, 1986, (CC-86/WS/3), 13 p.

ASKERUD (P.), CLEMENT (E.), *La Lutte contre le trafic illicite des biens culturels: guide pour la mise en oeuvre de la Convention de l'UNESCO de 1970*, Paris, UNESCO, 2000, (CLT.2000/WS/6), 283 p.

Comité intergouvernemental pour la promotion du retour de biens culturels à leur pays d'origine ou de leur restitution en cas d'appropriation illégale, *Rapport du Secrétariat,* 13ème session, 7-10 février 2005, (CLT.2005/CONF.202/CLD.2); (CLT.2005/CONF.202/2), 10 p.

Complémentarité entre, et fonctionnement de la Convention de l'UNESCO de 1970, concernant les mesures à prendre pour interdire et empêcher l'importation, l'exportation et le transfert de propriété illicites des biens culturels, et la Convention de l'UNIDROIT de 1995 sur les biens culturels volés ou illicitement exportés, Paris, UNESCO, 16 juin 2005, (CLT.2005/CONF/803/2), 6 p.

Rapport du Comité intergouvernemental pour la promotion du retour de biens culturels à leur pays d'origine ou de leur restitution en cas d'appropriation illégale sur ses activités (2004-2005), et sur sa treizième session, (33 C/REP 15), 23 août 2005, 17 p.

Stratégie pour faciliter la restitution de biens culturels volés ou exportés illicitement, adopté à la 33ème session de la conférence générale, (33C/46), 25 août 2005,10 p.

Statuts du Comité intergouvernemental pour la promotion du retour de biens culturels à leur pays d'origine ou de leur restitution en cas d'appropriation illégale, octobre 2005, (CLT/CH/INS-2005/21), 5 p.

LEFEBVRE-NARE (F.), CORNU (M.), RIVIERE (D.), *Evaluation des actions de l'UNESCO en matière de lutte contre le trafic illicite de biens culturels: rapport final*, Paris, UNESCO, 14 octobre 2005 (IOS/EVS/PI/52), 37 p.

Mesures juridiques et pratiques contre le trafic illicite des biens culturels: manuel de l'UNESCO, Paris, UNESCO, 2006, (CLT/CH/INS-06/22), 44 p.

Documents d'UNIDROIT

Etude LXX – Doc. 1, REICHELT (G.), « la protection internationale des biens culturels », *Revue de droit uniforme / Uniform Law Review*, 1985/1, pp. 42-152.

Rapport du secrétariat d'Unidroit, « Projet de convention d'Unidroit sur le retour international des biens culturels volés ou illicitement exportés », *Revue de droit uniforme / Uniform Law Review*, 1993/1, pp. 104-194

Rapport du secrétariat d'Unidroit, SCHNEIDER (M.), « Convention d'UNIDROIT sur les biens volés ou illicitement exportés : rapport explicatif », *Revue de droit uniforme /Uniform Law Review*, 2001/3, pp. 477-565.

Documents d'ICOM

Comité *ad hoc* désigné par le conseil exécutif d'ICOM, « Etudes relatives aux principes, conditions et moyens de la restitution ou du retour des biens culturels en vue de la reconstitution des patrimoines dispersés », *Museum*, 1979/31, pp. 62-66.

Jurisprudence

Commission des Communautés européennes contre République Italienne (Œuvres d'art), Cour de justice des communautés européennes, 10 décembre 1968, affaire 7/68, *Recueil*, 1968, pp. 617-629.

Attorney General of New Zealand v. Ortiz and others, Court of appeals, 1er avril 1982, *All England Law Reports*, 1982, pp. 432-446.

Fresques de Casanoves, Cour d'appel de Montpellier, 18 décembre 1984, *Recueil Dalloz Sirey*, 1985, pp. 208-212.

Winkworth v. Christie, Manson & Woods Ltd and another, (Chancery Division), High Court, 5 novembre 1979, *The law Reports*, Part 9-11, novembre 1980, pp. 496-514.

Kingdom of Spain v. Christie Manson & Woods Ltd Ltd., (Chancery Division), High Court, 21 mars 1986, *The Weekly Law Reports*, 1986, pp. 1120-1123.

Autocephalous Greek Orthodox Church of Cyprus versus Goldberg & Feldman Fine Arts, United States Court of Appeals for the seventh circuit, 24 octobre 1990, *Federal Reporter 2d,* Volume 917, pp. 278-297.

Solomon R. Guggenheim v. Lubell, Court of Appeal of New York, 14 février 1991, *New York Reporter*, volume 77, pp. 311-320.

www.ingramcontent.com/pod-product-compliance
Lightning Source LLC
Chambersburg PA
CBHW021603210326
41599CB00010B/585